DIE KATZEN VON EPHESOS
EFES'İN KEDİLERİ
THE CATS OF EPHESOS

DAS İSA BEY HAMAM IN SELÇUK.
İSA BEY HAMAMI, SELÇUK.
THE İSA BEY HAMAM IN SELÇUK.

DAS ARTEMISION.
ARTEMISION.
THE ARTEMISION.

KATZEN GELTEN ALS KULTURFOLGER. Sie ernährten sich von menschlichen Abfällen und wurden schon sehr früh domestiziert. Der älteste Nachweis von Wildkatzen in Ephesos geht auf Knochen aus dem späten 7. Jahrtausend v. Chr. zurück, auf die man bei Ausgrabungen auf dem Çukuriçi Höyük stieß. Die Knochen römischer Hauskatzen wurden im Theater, im Lukasgrab und im Vediusgymnasium gefunden. Ein kleines Kätzchen fand seinen Tod in einem türkischen Brunnen des 15. Jahrhunderts n. Chr. Während es aus der Antike nur wenige Belege für Katzen gibt, bevölkern sie heute die Ruinenstätte von Ephesos in großer Zahl.

KEDİLER İNSAN KÜLTÜRLERİNİN TAKİPÇİLERİDİR. İnsanların gıda atıkları ile beslenen kediler çok erken tarihlerde evcilleştirilmişlerdir. Efes'te yabani kedilerin yaşadığına dair en erken kanıt, Çukuriçi Höyük'teki kazılarda bulunan ve MÖ 7. binin sonlarına tarihlenen kemiklerdir. Roma dönemi ev kedilerinin kemiklerine ise, tiyatroda, Lukas Mezarı'nda ve Vedius Gymnasionu'nda rastlanmıştır. Kazılar sırasında MS 15. yüzyıla tarihlenen, Türk Dönemi'ne ait bir çeşmede bir kedi yavrusu ortaya çıkarılmıştır. Antik Dönem'den kedilerle ilgili çok az kanıt varken günümüzde Efes ören yerinde sayıları oldukça fazladır.

CATS ARE FOLLOWERS OF CIVILIZATION. They feed on the garbage of humans and were domesticated early on. The oldest evidence of wild cats in Ephesos are bones found during excavations on the Çukuriçi Höyük from the late seventh millennium B.C. Roman domestic cats were found in the theater, St. Luke's Grave, and the Vedius Gymnasium; a kitten lost its life in a Turkish well of the 15th century A.D. which was brought to light during excavations.

DAS ARTEMISION MIT DER JOHANNESBASILIKA IM HINTERGRUND.
ARTEMİSİON, ARKA PLANDA AZİZ YUHANNA BAZİLİKASI.
THE ARTEMISION WITH THE BASILICA OF ST. JOHN IN THE BACKGROUND.

BYZANTINISCHE GÜRTELSCHNALLE MIT LÖWENDARSTELLUNG.
ASLAN TASVİRLİ BİZANS KEMER TOKASI.
BYZANTINE BELT BUCKLE WITH THE DEPICTION OF A LION.

DIE KATZEN VON EPHESOS
EFES'İN KEDİLERİ
THE CATS OF EPHESOS

SABINE LADSTÄTTER   LOIS LAMMERHUBER   NIKI GAIL

EIN MAGISCHER ORT IN DER WESTTÜRKEI

*Sabine Ladstätter, österreichische Wissenschaftlerin des Jahres 2011
und Grabungsleiterin in Ephesos, beschreibt in wenigen Worten
die mehr als 8 000-jährige Geschichte von Ephesos.*

Die Ruinenstätte von Ephesos liegt heute etwa 70 Kilometer südwestlich von Izmir, einer Millionenmetropole an der türkischen Westküste. Das Zentrum des antiken Stadtgebiets erstreckt sich zwischen zwei Bergrücken, dem Bülbüldağ (Nachtigallenberg) im Süden und dem Panayırdağ im Norden, etwa 2 Kilometer westlich der modernen Stadt Selçuk, dem mittelalterlichen Ayasoluk. Die ältesten Siedlungsspuren finden sich auf dem Çukuriçi Höyük, etwa 200 Meter südöstlich der hellenistisch-römischen Stadtgrenze. Auf diesem künstlichen Tell gehen menschliche Spuren bis in das Neolithikum, also die Phase der Sesshaftwerdung des Menschen in Anatolien im 7. Jahrtausend v. Chr., zurück. Im frühen 3. Jahrtausend wurde der Hügel wohl plötzlich verlassen und in weiterer Folge der Ayasoluk-Berg im heutigen Selçuk besiedelt. Hier entstand ein Zentralort während des 2. Jahrtausends, der uns aus hethitischen Quellen überliefert ist und höchstwahrscheinlich den Namen Apaşa trug. Ab 1000 v. Chr. wanderten Bevölkerungsgruppen aus Griechenland in Kleinasien ein und gründeten kleine Städte nach dem Vorbild ihrer Heimatgemeinden. Spuren dieser Ansiedlungen fanden sich unter der späteren Handelsagora und auf dem Panayırdağ, vor allem aber auch um das Heiligtum der ephesischen Artemis. Im Artemision wurde im 7. Jahrhundert ein erster Tempel für die Göttin gebaut, auf dem im 6. Jahrhundert ein kompletter Neubau errichtet wurde, der dem Lyderkönig Kroisos zugeschrieben wird. Nach einem Brand im Jahr 356 v. Chr. errichteten die Ephesier an derselben Stelle einen Monumentaltempel, der durch seine Lage, seine Bautechnik, seine Architektur und seine prachtvolle Ausstattung die Menschen der Antike faszinierte und uns in zahlreichen Beschreibungen überliefert ist. Heute sind vom Tempel, der zu den klassischen sieben Weltwundern der Antike gezählt wurde, nur noch einige Fundamente sowie eine wieder errichtete Säule zu sehen, der Rest fiel dem Steinraub zum Opfer.

Einen gewaltigen Einschnitt in die weitere Siedlungsgeschichte bedeutete die Gründung von Ephesos unter König Lysimachos um 300 v. Chr. Von der hellenistischen Neugründung von Ephesos zeugen noch heute die neun Kilometer lange Befestigungsmauer auf den Berghängen sowie das planimetrische, nach hippodamischem Prinzip gestaltete Stadtraster. Innerhalb der Mauern blühte Ephesos zu einer der bedeutendsten Metropolen auf, außerhalb lagen die Werkstätten sowie die Nekropolen. Die Lebensader der hellenistisch-römischen Stadt war zweifelsohne der verkehrstechnisch äußerst günstig gelegene Hafen von Ephesos. Mit der Eingliederung Kleinasiens in das Römische Reich im Jahr 133 v. Chr. und der Ernennung von Ephesos zur Hauptstadt der nun neu eingerichteten Provinz Asia begann der eigentliche Ausbau von Ephesos zu einer antiken Großstadt. Dem bereits in der hellenistischen Zeit angelegten Raster folgend wurden auch die Hänge bebaut. Die Plätze und Straßen säumten Ehrenmonumente und Stiftungen wohlhabender Bürger. Die Römer investierten auch in die Infrastruktur der Stadt. Besonderes Augenmerk galt der Wasserversorgung, um Trink- und Nutzwasser für die Metropole zu gewährleisten. Das politische Zentrum der Stadt lag auf der oberen Agora; hier befanden sich die Staatstempel sowie die Verwaltungsgebäude.

Die Kuretenstraße verband die Oberstadt mit der Unterstadt. Ursprünglich als heiliger Prozessionsweg geplant, behielt sie ihren unregelmäßigen Verlauf und weicht damit vom Straßenraster ab. In der Römischen Kaiserzeit zierten diesen innerstädtischen Boulevard an beiden Seiten Prachtbauten. Von den zahlreichen kaiserzeitlichen Stiftungen seien nur der Trajansbrunnen, der Hadrianstempel und natürlich die Celsusbibliothek erwähnt. Beidseitig waren die Hänge mit Wohnhäusern bebaut, aus denen das Hanghaus 2 aufgrund seiner prächtigen Ausstattung heraussticht. Hier residierte die städtische Oberschicht, der es an Luxus nicht mangelte. Das pulsierende Zentrum der Stadt Ephesos lag zweifelsohne in der Hafengegend, nahe dem in römischer Zeit künstlich gefassten Hafenbecken. Auf der Tetragonos-Agora, dem Handelsmarkt, wurden die Waren in zahlreichen Geschäftslokalen feilgeboten. Ganz in der Nähe lag auch das große Theater von Ephesos, mit einem Fassungsvermögen von bis zu 25 000 Sitzplätzen eines der größten in der Antike. Im 2. Jahrhundert wurden im Hafenviertel zwei monumentale Tempel errichtet, das sogenannte Serapeion und der Kaiserkulttempel für Hadrian, das sogenannte Olympieion. Große Badeanlagen, nahe den Stadttoren, dem Hafen und dem Theater gelegen, dienten nicht nur der Reinigung und Körperpflege, sondern auch der sportlichen Betätigung.

Nach dem Zeitalter der Wirtschaftskrise im 3. Jahrhundert n. Chr., in dem Ephesos zudem durch Naturkatastrophen stark in Mitleidenschaft gezogen wurde, erlebte die Stadt in der Spätantike eine weitere großartige Blütezeit. Nun deutlich verkleinert, lag das Zentrum der Stadt in der ehemaligen Hafengegend und wurde mit Repräsentationsbauten sowie mit Kirchen ausgeschmückt. In der Marienkirche fand im Jahr 431 das dritte Ökumenische Konzil statt, bei dem Maria als Gottesgebärerin, als „Theotokos", bestätigt wurde. Ephesos entwickelte sich rasch zu einem der bedeutendsten frühchristlichen Wallfahrtszentren. Die Pilger besuchten die berühmten Stätten, darunter die Marienkirche, das Siebenschläfer-Coemeterium, das Lukasgrab und natürlich die Johannesbasilika, die über dem Artemision auf dem Ayasoluk-Berg thronte. Hier residierte ab dem 7. Jahrhundert n. Chr. auch der Bischof von Ephesos. Um die Basilika entwickelte sich bald eine Siedlung, die in weiterer Folge in der türkischen Stadt Ayasoluk aufging. Diese erlebte im 14. Jahrhundert ihre Blütezeit, wovon zahlreiche hervorragend erhaltene Gebetshäuser, Bäder und Grabdenkmäler zeugen. Wohl aufgrund der immer stärker grassierenden Malaria wurde die Ebene von Ephesos im 17. Jahrhundert endgültig verlassen, die Bevölkerung zog sich in die Berge zurück. Und erst mit den einsetzenden archäologischen Forschungen im späten 19. Jahrhundert wurde die Region zu neuem Leben erweckt.

TÜRKİYE'NİN BATISINDAKİ BÜYÜLÜ KENT EFES

Efes Kazısı Başkanı ve Avusturya'nın en iyi bilim insanı ödülü sahibi Sabine Ladstätter'den Efes'in 8000 yıllık tarihine kısa bir bakış.

Efes Antik Kenti kalıntıları bugün Türkiye'nin batı kıyısında bir metropol olan İzmir'in yaklaşık 70 km güneybatısında bulunmaktadır. Güneyde Bülbüldağı, kuzeyde ise Panayır dağı ile sınırlandırılmış olan kent merkezi, Orta Çağ'ın Ayasuluk'u günümüz Selçuk yerleşiminin yaklaşık 2 km batısında kalmaktadır. Efes'in bulunduğu bölgedeki en eski yerleşim izlerine Helenistik-Roma dönemi şehir sınırının yaklaşık 200 m güneydoğusunda bulunan Çukuriçi Höyük'te rastlanmaktadır. Höyükte insanlığa ait izler Neolitik Çağ'a yani Anadolu'daki insanların yerleşik düzene geçtiği MÖ 7. binlere kadar geri gitmektedir. Höyükteki yerleşim 3 binde aniden terk edilmiş ve daha sonra bugün modern Selçuk'ta bulunan Ayasuluk tepesinde yerleşilmiştir. MÖ 2. binlerde burada, bize Hitit kaynaklarından aktarılan ve büyük ihtimalle adı Apaşa olan bir merkezi yerleşim oluşmuştur. MÖ 1000'den itibaren Yunanistan'dan Anadolu'ya göç eden halklar, Anadolu'da kendi ülkelerindeki yerleşimleri model alan küçük şehirler kurarlar. Bu yerleşimlerin izleri daha sonraki Ticaret Agorası'nın altında, Panayırdağı'nda ve özellikle de Efes Artemis Kutsal Alanı'nın etrafında bulunur. Artemis Kutsal Alanı'nda tanrıça için ilk tapınak MÖ 7. yüzyılda inşa edilmiştir. Bu yapıyı MÖ 6. yüzyılda tamamen yeniden yapılan ve Lydia Kralı Kroisos'un bağışları nedeniyle "Kroisos Tapınağı" olarak da adlandırılan ve ona atfedilen tapınağın inşası izlemiştir. Tapınağın MÖ 356 yılında yanmasından sonra Efesliler aynı yerde anıtsal bir tapınak daha inşa ederler. Bu tapınak konumu, yapı tekniği, mimarisi ve görkemli donanımıyla Antik Dönem insanlarını büyülemiştir. Tapınağın büyüsüne kapılan insanlar tarafından bize tapınak hakkında çok sayıda bilgi ulaşmıştır. Dünyanın yedi harikasından biri kabul edilen tapınaktan bugün artık sadece bir kaç temel ve ayağa kaldırılmış tek bir sütun görülebilmektedir. Tapınağın diğer mimari elemanları yağmalanarak zarar görmüştür.

MÖ 300 yılında Kral Lysimakhos tarafından Efes'in kurulması, yerleşim tarihi açısından başka bir dönüm noktası olmuştur. Hellenistik şehir kuruluşuna bugün hâlâ dağlardaki 9 km uzunluğunda şehir surları ve planimetrik, Hippodamos prensibine göre yapılmış şehrin ızgara planı işaret eder. Sur duvarlarının içinde Efes en önemli metropollerden biri olarak gelişirken, surların dışında atölyeler ve Nekropol alanları yer alıyordu. Helenistik-Roma dönemi Efes'inin hiç şüphesiz ki hayat damarı ulaşım açısından oldukça iyi bir konumda bulunan limanıydı. MÖ 133 yılında Küçük Asya'nın Roma İmparatorluğu'na katılması ve yeni oluşturulan Asya eyaletinin başkenti olmasıyla Efes'in büyük bir antik şehir olma yolundaki asıl inşası başlar. Helenistik Dönem'de oluşturulan ızgara plana uygun olarak yamaçlara da yapılar yapılır. Meydanlar ve caddeler zengin vatandaşların bağışladıkları yapılar ve onurlandırma anıtları ile donanmıştır. Romalılar şehrin altyapı sistemi için de yatırımlar yapmışlar ve özellikle kentin içme ve kullanım suyunu garanti altına almak adına su ihtiyacının karşılanmasına önem vermişlerdir. Kentin politik merkezi yukarı agora idi ve burada devlet tapınağı ile hükümet binaları bulunmaktaydı.

Aslında dini alay yolu olarak planlanan Kuretler Caddesi, yukarı şehir ile aşağı şehir arasında Helenistik-Roma kentinin birbirini dik kesen Hippodamik yol sistemine uymaksızın düzensiz olarak uzanır. Roma İmparatorluk Dönemi'nde şehir içindeki bu bulvarın her iki yanını onur anıtları ve kamusal vakıf eserleri süslüyordu. İmparatorluk döneminde hayırseverlerin bağışları ile inşa edilen çok sayıda yapının en güzel örnekleri; Traian Çeşmesi, Hadrian Tapınağı ve Celsus Kitaplığı'dır. Her iki tarafında yamaçlarda inşa edilen konutlar arasında Yamaç Ev 2 görkemli donanımıyla dikkatleri çekmektedir. Lüks açısından hiçbir eksiği bulunmayan bu konutlarda kentin üst sınıfı yaşamaktaydı. Efes kentinin şüphesiz ki en canlı merkezi Roma Dönemi'nde yapay olarak çevrelenen liman havzasının yakınındaki liman bölgesiydi. Tetragonos Agorası'nda mal pazarlığı yapılır, çok sayıdaki dükkanlarda ürünler satışa sunulurdu. 22.000 ile 25.000 kişilik oturma kapasitesiyle antik dünyanın en büyük tiyatrolarından biri olan Efes Tiyatrosu Tetragonos Agorası'nın yakınında bulunuyordu. MS 2. yüzyılda liman bölgesinde biri Serapeion olarak adlandırılan, diğeri de İmparator Hadrianus'a adanan ve Olmpieion olarak adlandırılan iki anıtsal tapınak inşa edilmiştir. Tiyatro, şehir kapıları ve limanın yakınında bulunan büyük hamam tesisleri bedensel temizlik ve bakımın yanında sportif faaliyetler için de hizmet veriyorlardı.

MS 3. yüzyıldaki ekonomik kriz ve doğal afetlerde oldukça hasar gören Efes kenti Geç Antik Dönemde görkemli başka bir altın çağ daha yaşar. Önemli ölçüde küçültülmüş olan eski liman bölgesindeki kent, kilise ve representatif binalarla donatılmıştı. Meryem Kilisesi'nde MS 431 yılındaki 3. ökümenik konsili toplanmış ve burada Meryem'in tanrının annesi yani Theotokos olduğu kabul edilmiştir. Meryem Kilisesi başta olmak üzere, Yedi Uyuyanlar Coemeteriumu, Lukas Mezarı adını taşıyan yapı ve Artemision'un üst tarafındaki, Ayasuluk Tepesindeki Aziz Yuhanna Bazilikası inananları kendine çeken bir ibadet yerine dönüşmüş ve kenti Erken Hristiyanlık hac merkezlerinden biri yapmıştır. MS 7. yüzyıldan itibaren Efes Piskoposu da Aziz Yuhanna Bazilikası'nda ikamet etmekteydi. Bazilika çevresinde hızla ve daha sonra Türk şehri Ayasuluk'u doğuran bir yerleşim kuruldu. Ayasuluk 14. yüzyılda, çok sayıdaki ibadethanelerin, mezar anıtlarının ve hamamların gösterdiği gibi en parlak dönemini yaşamıştır. Efes ovasında yoğun sıtma tehlikesi baş gösterdiğinden halk 17. yüzyılda ovadaki yerleşimi tamamen terk ederek dağlara çekilmiştir. 19. yüzyılın sonlarında başlayan arkeolojik araştırmalarla bölge tekrar hayata dönmüştür.

A MAGICAL PLACE IN WESTERN TURKEY

Sabine Ladstätter, Austrian Scientist of the Year 2011, excavation director of Ephesos, describes the most important events in the over 8000-year history of Ephesos.

Today, the ruins of Ephesos are situated about 70 km south-west of Izmir, a metropolis of several million inhabitants along the Turkish west coast. The center of the ancient city is located between two mountain ridges, the Bülbüldağ (Nightingale Mountain) in the South and the Panayirdağ in the North, and approximately 2 km west of the modern-day city of Selçuk, the medieval Ayasoluk. The oldest traces of settlements can be found on the Çukuriçi Höyük, approximately 200 m south-east of the Hellenistic-Roman city limits. On this artificial mound, human traces reach back to the Neolithic period, i.e. the phase in which humans settled in Anatolia in the seventh millennium B.C. The hill appears to have been abruptly deserted in the early third millennium and soon after the Ayasoluk hill in modern-day Selçuk was settled. A central place developed here in the course of the second millennium that is mentioned in Hittite sources and was likely called Apaşa. Around 1000 B.C., people began migrating from Greece to Asia Minor and established small settlements modelled after their home towns. Traces of these settlements were found under the later commercial agora and on the Panayirdağ, and predominantly around the shrine of the Ephesian Artemis. In the seventh century the first temple was built for the goddess in the Artemision on top of which a completely new temple was constructed in the 6th century, attributed to the Lydian king Croesus. After the fire in 356 B.C., the Ephesians built a monumental temple at the same site; its location, construction technics, architecture and magnificent décor fascinated people throughout antiquity as is recorded in numerous descriptions. Today, a few foundations and a reconstructed column are all that remain of this temple, one of the seven world wonders of antiquity, the rest has fallen victim to stone thieves.

A decisive point in the history of the settlement was the foundation of Ephesos under King Lysimachus around 300 B.C. The 9 km long fortification along the mountain slopes and the establishment of the city grid according to the Hippodamian principle are evidence of the new Hellenistic foundation of Ephesos. Within these walls Ephesos flourished and developed into one of the most important metropoleis. The workshops and necropoleis were located outside of these walls. The lifeline of the Hellenistic-Roman city was the harbor of Ephesos which was extremely well situated. The incorporation of Asia Minor into the Roman Empire in 133 B.C. and the establishment of Ephesos as the capital of the new province Asia were the starting point of Ephesos' development into an ancient metropolis. Based on the orthogonal grid of the Hellenistic period houses were also built on the slopes. Honorific monuments and benefactions of wealthy citizens lined the squares and streets. The Romans also invested in the infrastructure of the city. The water supply received special attention in order to ensure drinking and household water in the metropolis. The political center of the city was on the Upper Agora where the Imperial temple and the administrative buildings were situated.

The Curetes Street connected the upper city with the lower city. Originally designed as a holy processional way it retained its irregular course that deviates from the orthogonal street grid. In the Roman imperial period this downtown boulevard was lined with honorific monuments and public benefactions. The fountain of Trajan, the Temple of Hadrian, and, of course, the Library of Celsus are some of the many benefactions of the imperial period. On both sides of the hill houses were built, such as the most prominent example, Terrace House 2, with its magnificent décor. The elite of the city resided here, lacking no luxuries. The bustling center of Ephesos was undoubtedly the harbor area close to the artificial harbor basin built in Roman times. Goods were traded on the Tetragonos Agora and were offered for sale in numerous stores. The large theater of Ephesos is located close by and is one of the largest ancient theaters with a capacity of 22,000 to 25,000 seats. In the second century, two monumental temples were constructed in the harbor area, the so-called Serapeion and the imperial cult Temple of Hadrian, the so-called Olympieion. The large baths near the city gates, the harbor and the theater were not only a facility for personal hygiene, but also a place for exercising.

During a period of economic crisis Ephesos experienced multiple natural disasters and was severely damaged in the third century A.D. In the wake of these disasters the city rebounded and flourished in late antiquity. The significantly smaller city center was situated in the area of the former harbour and was adorned with public buildings and churches. In A.D. 431 the third ecumenical council was held in the Church of Mary when Mary was confirmed as Theotokos, the Mother of God. Ephesos soon developed into one of the most important centers of early Christian pilgrimage. The pilgrims visited the famous sites, among others the Church of Mary, the Cemetery of the Seven Sleepers, St. Luke's Grave and, of course, the Basilica of St. John above the Artemision on the Ayasoluk hill. From the seventh century A.D. the bishop of Ephesos also resided here. A settlement quickly developed around the basilica which later became the Turkish city of Ayasoluk. This city was particularly prosperous in the 14th century as the numerous well preserved houses of prayer, baths and tombs demonstrate. The plain of Ephesos was finally deserted in the 17th century, probably as a result of the growing threat of malaria, and the people retreated into the mountains. The region was only given a new lease of life in the late 19th century with the start of the first archaeological research projects.

AUF KATZENPFOTEN DURCH DIE WELT DER TEMPEL, TORE UND THEATER.
TAPINAKLARIN, KAPILARIN VE TİYATRONUN ANTİK DÜNYASINDA KEDİ PATİLERİYLE BİR YOLCULUK.
EXPLORING THE WORLD OF TEMPLES, GATES, AND THEATERS ON PAWS.

#		#	
1	Artemision: Seite | sayfa | pages: 4–5, 7	16	Hanghaus 2 | Yamaç Ev 2 | Terrace House 2: 72–77
2	İsa Bey Hamam: 2–3	17	Celsusbibliothek | Celsus Kütüphanesi | Library of Celsus: 78–83, 92–93
3	Obere Agora | Yukarı Agora | Upper Agora: 20–22, 26–31	18	Bibliotheksviertel | Kütüphane Bölgesi | Library quarter: 84–91
4	Prytaneion: 23–25	19	Tetragonos-Agora: 94–107
5	Bouleuterion / Odeion: 32–33	20	Marmorstraße | Mermer Caddesi | Marble Street: 8–9, 108–113
6	Domitiansplatz | Domitianus Meydanı | Square of Domitian: 34–39	21	Serapeion: 114–117
7	Heraklestor | Herakles Kapısı | Heracles Gate: 40–41	22	Antike Sarkophage | Antik Lahitler | Ancient sarcophagi: 118–119
8	Kuretenstraße | Kuretler Caddesi | Curetes Street: 42–43, 54–59	23	Arkadiane | Arkadiane Caddesi | Arcadiane: 120–121
9	Nymphaeum Traiani | Traianus Çeşmesi | Nymphaeum Traiani: 44–45	24	Marienkirche | Meryem Kilisesi | Church of Mary: 122–123
10	Variusbad | Varius Hamamı | Baths of Varius: 46–50, 70–71	25	Theater | Tiyatro | Theater: 124–125
11	Hadrianstempel | Hadrianus Tapınağı | Temple of Hadrian: 51–53	26	Hafenthermen | Liman Hamamı | Harbor Baths: 126–127
12	Oktogon | Oktogon | Octogon: 60–61		
13	Androklos-Heroon | Androklos Heroonu | Androklos–Heroon: 62		
14	Hadrianstor | Hadrianus Kapısı | Gate of Hadrian: 63–65		
15	Untere Kuretenstraße | Aşağı Kuretler Caddesi | Lower Curetes Street: 66–69		

DIE WEGE DER KATZEN | KEDİLERİN YOLLARI | THE PATHS OF CATS
Ein Führer der anderen Art durch Ephesos.
Farklı bir Efes Rehberi.
A different kind of guide to Ephesos.

Es scheint, als wären sie die letzten Anbeter der Göttin. Sie richten sich auf, die Pfoten gen Himmel gestreckt, den Blick auf etwas gerichtet, das der menschliche Beobachter nicht gleich erkennt: Die Katzen von Ephesos jagen gerne Bienen. Ihre Posen dienen der Jagd auf das Insekt, das in der Antike als Symbol für die Artemis von Ephesos galt. So ist die Biene auch auf drei Artemisstatuen zu finden. Davon wissen die Katzen selbst freilich nichts. Sie leben frei in der Stadt und genießen ihren Lebensraum. Niemand weiß, wie viele es tatsächlich sind. In der Antike waren Katzen in der Stadt selten, heute bevölkern sie Ephesos als ständige Bewohner und nutzen die Ruinen als Wohnungen, Schattenspender und Klettergerüste. So ist auch die Idee zu diesem Buch entstanden. Die Bilder sollen die antike Stadt zeigen, aber auf jedem Foto sind sie mit dabei: die Katzen von Ephesos.

Sanki tanrıçanın son tapınanları gibidirler. Doğrulup, patilerini gökyüzüne doğru uzatırlar, bakışları kendilerine bakan insanların hemen anlayamayacağı bir yere yönelir: Efes'in kedileri arı avlamayı severler. Duruşları, Antik Dönem'de Efes Artemis'inin sembolü olarak kabul edilen bu böcekleri avlamaya hizmet eder. Aynı şekilde arı, bugün Selçuk'taki Efes Müzesi'nde sergilenen üç Artemis Heykeli'nde de görülür. Kedilerin tabii ki bundan haberleri yoktur. Onlar şehirde özgürce yaşarlar ve yaşadıkları ortamın tadını çıkarırlar. Hiç kimse gerçekte sayılarının ne kadar olduğunu bilmez. Antik Dönem'de kediler şehirde oldukça nadir olarak görülseler de günümüzde Efes' in sürekli sakinleridirler; harabeleri ev, gölgelik ve tırmanma iskelesi olarak kullanırlar. Böylece bu kitabın hazırlanma fikri de doğmuştur. Aslında fotoğrafların Antik Kenti göstermeleri gerekirken her fotoğrafta onlar da yer alır: Efes'in Kedileri.

They seem to be the last worshippers of the goddess. They draw themselves up to full height, paws raised towards heaven, their eyes set on something not immediately recognizable to the human observer. The cats of Ephesos love hunting bees. Their poses are adopted while they hunt for the insect once regarded as a symbol of the Artemis of Ephesos in antiquity. The bee is found on three Artemis statues. Naturally, the cats do not know about this. They lead an independent life in the city and enjoy their habitat. Nobody knows how many there actually are. In antiquity cats were rarely seen in the city, today they inhabit Ephesos as permanent residents and use the ruins as shelter, source of shade and climbing frames. This gave us the idea for this book. The pictures were supposed to show the ancient city, but they were present in every photograph: the cats of Ephesos.

Kartengrundlage | Harita Kaynağı | Map compiled by: © ÖAI

STIERKOPFKAPITELL EINER SÄULE DER BASILIKA, DER NORDHALLE, AUF DER OBEREN AGORA.
BAZİLİKA'DAN BOĞA BAŞLI BİR SÜTUN BAŞLIĞI, YUKARI AGORA'DAKİ KUZEY GALERİ.
BULL'S HEAD CAPITAL OF A COLUMN OF THE BASILICA, THE NORTH HALL, ON THE UPPER AGORA.

STIERKOPFKAPITELLE, AUF DER RÜCKSEITE DES BOULEUTERIONS GELEGEN.
BOULEUTERİON'UN ARKA TARAFINDAKİ BOĞA BAŞLI SÜTUN BAŞLIĞI.
BULL'S HEAD CAPITALS AT THE BACK OF THE BOULEUTERION.

DIE OBERE AGORA UND IM HINTERGRUND DAS PRYTANEION.
YUKARI AGORA VE ARKA PLANDA PRYTANEİON.
THE UPPER AGORA WITH THE PRYTANEION IN THE BACKGROUND.

DAS PRYTANEION MIT DEN KURETENINSCHRIFTEN AUF DEN WIEDER ERRICHTETEN SÄULEN.
YENİDEN AYAĞA KALDIRILMIŞ SÜTUNLAR ÜZERİNDEKİ KURETLER YAZITLARI İLE PRYTANEİON.
THE PRYTANEION WITH THE INSCRIPTIONS OF THE CURETES ON THE RECONSTRUCTED COLUMNS.

DEN STADTVÄTERN von Ephesos diente das im 1. Jahrhundert n. Chr. erbaute Prytaneion als Versammlungsort. In den Ruinen dieses Gebäudes wurden jene drei Artemisstatuen – die Große, die Schöne und die Kleine – gefunden, die heute im Museum von Selçuk ausgestellt sind.

EFES'İN ŞEHİR MECLİSİ ÜYELERİNE, MS 1. yüzyılda inşa edilen Prytaneion toplantı yeri olarak hizmet veriyordu. Bu yapının kalıntıları arasından günümüzde Selçuk'taki Efes Müzesi'nde sergilenen üç Artemis heykeli (Büyük Artemis, Güzel Artemis ve Küçük Artemis) bulunmuştur.

THE CITY ELDERS of Ephesos used the Prytaneion as an assembly. It was built in the first century A.D. The three Artemis statues – the Great Artemis, the Beautiful Artemis and the Small Artemis – now on display in the museum of Selçuk were found in the ruins of this building.

DIE OBERE AGORA VON EPHESOS war das Verwaltungszentrum der Stadt. Um einen großen, von Säulenhallen geschmückten Platz gruppierten sich öffentliche Gebäude: das Bouleuterion, der Sitz des Gemeinderates, und das Prytaneion, der Sitz der Stadtväter, sowie die Tempel für den Kaiserkult, aber auch Brunnen und ein großes Bad. Die in den Boden eingeritzten Kreise werden häufig als Brettspiele bezeichnet, ihre eigentliche Funktion wird bis heute diskutiert.

EFES'İN YUKARI AGORASI şehrin yönetim merkezidir. Sütunlu galerilerle donatılmış büyük bir alan ve etrafına kamusal yapılar toplanmıştır: Belediye Meclisi'nin merkezi Bouleuterion, Şehir Meclisi'nin merkezi Prytaneion, İmparator Kültü Tapınağı'nın yanı sıra çeşmeler ve büyük bir hamam. Tabana kazınmış dairelerin çoğunlukla oyun amaçlı olduğu düşünülse de asıl işlevleri bugün hâlâ tartışma konusudur.

THE UPPER AGORA OF EPHESOS was the administrative center of the city. Public buildings were constructed around a large square surrounded by columned halls: the Bouleuterion, the seat of the city council, and the Prytaneion, the seat of the city elders, as well as the temples for the imperial cult, but also fountains and a large bath. The circles inscribed in the ground are often referred to as board games; their actual function is still under discussion.

DIE OBERE AGORA.
YUKARI AGORA.
THE UPPER AGORA.

DIE OBERE AGORA.
YUKARI AGORA.
THE UPPER AGORA

DIE AGORA – oder das Forum, wie es während der römischen Kaiserzeit genannt wurde – war jener Platz in einer antiken Stadt, auf dem das öffentliche Leben stattfand: Hier wurden politische Entscheidungen gefällt, kultische Handlungen vollzogen und der gesellschaftliche Diskurs gepflegt. Prediger und Redner fanden ihre Zuhörer, Schreiber warteten darauf, engagiert zu werden, Bürger lauschten der Verlesung von Dekreten. Es waren aber zum Beispiel auch Erzähler vor Ort, die von fremden Ländern und Reisen berichteten.

AGORA veya Roma İmparatorluk Dönemi'ndeki ismiyle Forum bir antik kentte kamuya açık hayatın vuku bulduğu yerdir: Burada politik kararlar verilir, kültler ve toplumsal işler yerine getirilerek müzakereler yapılırdı. Hatipler ve vaizler burada dinleyicilerine kavuşur, kâtipler ise iş almak için beklerler. Halk kararname açıklamalarına kulak kesilir. Ayrıca, yabancı ülkeler ve geziler hakkında bilgi veren anlatıcılar da burada bulunurlardı.

THE AGORA – or the forum as it was called during the Roman imperial period – was the square in an ancient city where public life took place. Here political decisions were made, cultic rituals carried out and social discourse cultivated. Preachers and speakers found listeners, scribes waited to be employed, and citizens listened to the readings of decrees. There were also story-tellers who described foreign countries and their travels.

DIE OBERE AGORA.
YUKARI AGORA.
THE UPPER AGORA

DAS BOULEUTERION, DER SITZ DES GEMEINDERATS, WURDE AUCH ALS ODEION GENUTZT.
BOULEUTERİON BELEDİYE MECLİSİ'NİN MERKEZİDİR VE AYNI ZAMANDA ODEİON OLARAK DA KULLANILMIŞTIR.
THE BOULEUTERION, THE SEAT OF THE CITY COUNCIL, WAS ALSO USED AS AN ODEION.

DER GEMEINDERAT hielt alle seine Sitzungen im Bouleuterion ab, einem theaterförmigen Gebäude in Ephesos mit Sitzmöglichkeiten für 1500 Personen. Als Odeion konnte es auch für öffentliche Veranstaltungen genutzt werden. Erbaut wurde es im frühen 1. Jahrhundert n. Chr. Die heute zum Teil noch sichtbare Marmorausstattung stammt allerdings von einer späteren Renovierung aus dem 2. Jahrhundert. Das über dem Osteingang eingemeißelte Kreuz stammt von einer spätantiken Renovierung.

BELEDİYE MECLİSİ oturumlarını Bouleuterion'da yapmaktaydı. Tiyatro şeklinde bir yapı olan Efes Bouleuterionu'nun 1500 kişilik oturma kapasitesi vardır. Odeion olarak kamusal etkinlikler için de kullanılabiliyordu. MS 1. yüzyılın başında inşa edilmiş olup bugün hâlâ kısmen görülebilen mermer döşeme 2. yüzyıla tarihlenen daha sonraki bir tadilatta yapılmıştır. Doğu girişinin üzerinde bulunan ve kazınarak yapılmış haç ise Geç Antik Dönem'deki bir tadilata tarihlenir.

THE CITY COUNCIL held its meetings in the Bouleuterion, a theater-like building in Ephesos with a capacity of 1,500 seats. As odeion it could also be used for public events. It was built in the early first century A.D., but the partially visible marble décor is from a later renovation in the second century. The cross chiseled above the eastern entrance stems from a late antique renovation.

VOM DOMITIANSPLATZ AUS führten Straßen und Treppen auf die Agora, zum Hanghaus, aber auch auf eine große Terrasse, auf der im späten 1. Jahrhundert ein Tempel für Kaiser Domitian errichtet wurde. Einen Kult für einen Kaiser einrichten zu dürfen, war ein Privileg, um das die Städte wetteiferten. Nach dem Tod des als grausam beschriebenen Domitian musste jede Erinnerung an ihn gelöscht werden (Damnatio memoriae, lateinisch für „Verdammung des Andenkens"). Die große Tempelanlage war ab sofort dem flavischen Kaiserhaus gewidmet. In der Spätantike wurde der Tempel bis auf die Fundamente abgetragen und das Areal mit einem christlichen Repräsentationsgebäude überbaut.

DOMİTİANUS MEYDANI'NDAN yollar ve merdivenler Agora'ya, Yamaç Evler'e ve ayrıca üzerine geç 1. yüzyılda İmparator Domitianus için bir tapınak inşa edilen büyük bir terasa yönelir. Bir imparator için bir kült tapınağı kurma iznine sahip olmak şehirlerin birbiriyle yarıştığı bir ayrıcalıktı. Acımasız olarak tanımlanan İmparator Domitianus'un ölümünden sonra ona ait bütün hatıralar silinmek zorundaydı (Damnatio memoriae, Latince "Hatıranın Lanetlenmesi"). Büyük tapınak alanı hemen Flavius Hanedanı'na adanmıştır. Geç Antik Dönem'de tapınak, temellerine kadar yıkılmış ve alana Hıristiyanlığı temsil eden bir yapı inşa edilmiştir.

STREETS AND STAIRS lead from the Square of Domitian to the agora, the terrace house, but also to a large terrace, where a temple for the emperor Domitian was built in the late first century. The cities competed for the privilege of setting up a cult for an emperor. After Domitian's death – he was described as being gruesome – any memory of him had to be removed (Damnatio memoriae, Latin for "condemnation of memory"). The large temple sanctuary was now dedicated to the Flavian emperors. In late antiquity, the temple was dismantled down to the foundations and a Christian prestige building was constructed.

CHALKIDIKUM, DOMITIANSPLATZ UND IM HINTERGRUND DER DOMITIANSTEMPEL.
KHALKİDİKUM, DOMİTİANUS MEYDANI VE ARKA PLANDA DOMİTİANUS TAPINAĞI.
CHALCIDICUM, SQUARE OF DOMITIAN AND THE TEMPLE OF DOMITIAN IN THE BACKGROUND.

VERBINDUNGSSTRASSE ZWISCHEN AGORA UND DOMITIANSPLATZ.
DOMİTİANUS MEYDANI İLE AGORA ARASINDAKİ BAĞLANTI YOLU.
STREET CONNECTING THE AGORA AND THE SQUARE OF DOMITIAN.

EIN KURZES STRASSENSTÜCK, in der Antike als Kathodos bezeichnet, verbindet die obere Agora mit dem Domitiansplatz. Ihre Nordseite zieren Säulen, die in der Spätantike hier aufgestellt wurden, im Süden schließt das Chalkidikum der Basilika an, ein kaiserzeitlicher Anbau der Basilika Stoa, in den in der Spätantike möglicherweise eine Kirche eingebaut wurde.

KISA BİR YOL PARÇASI Yukarı Agora ile Domitianus Meydanı'nı birbirine bağlar. Antik Dönem'de Kathodos olarak adlandırılan bu yolun kuzey tarafını Geç Antik Dönem'de buraya dikilen sütunlar, güneyini ise Roma İmparatorluk Dönemi'nde Bazilika'ya eklenen Khalkidikum süsler. Bazilika'da Geç Antik Dönem'de olasılıkla bir kilise yapılmıştır.

A SHORT STREET, called Cathodos in antiquity, connects the Upper Agora with the Square of Domitian. The north side is adorned with columns added in late antiquity, the chalcidicum of the basilica adjoins in the South, an extension of the Basilica Stoa from the imperial period, into which possibly a church was built in late antiquity.

HERMES UND NIKE.
HERMES VE NİKE.
HERMES AND NIKE.

ANTIKE STRASSENBILDER, modern arrangiert. Eine Straßenschwelle, antik als Embasis bezeichnet, wird von einem Sockel mit Reliefdarstellung (hier links) begrenzt, auf dem der Götterbote Hermes – erkennbar an den Flügelschuhen und seinem Stab – einen Widder zum Opfern führt. Das rechte Relief stammt vom Heraklestor und wurde in seiner heutigen Position neu arrangiert. Es zeigt die Siegesgöttin Nike mit einem Palmzweig in der rechten sowie einem Lorbeerkranz in der linken Hand.

YENİ DÜZENLEMESİYLE ANTİK YOL RESİMLERİ. Antik Dönem'de Embasis olarak adlandırılan bir cadde eşiği, üzerinde bir koçu kurban edilmeye götüren tanrıların habercisi Hermes'in (asası ve kanatlı sandallarından tanınabilir) tasvir edildiği kabartmalı bir kaide (burada solda) ile sınırlandırır. Sağdaki kabartma Herakles Kapısı'ndan gelir ve günümüzdeki yerinde yeniden düzenlenmiştir. Kabartmada Zafer Tanrıçası Nike sağ elinde bir palmiye dalı, sol elinde ise defne yaprağı tacıyla görülür.

ANCIENT STREET VIEWS, arranged in a modern fashion. A threshold, called embasis in antiquity, is framed by a pedestal with a relief depiction (here on the left), on which the messenger Hermes – identifiable by his winged shoes and staff – leads a ram to be sacrificed. The relief on the right-hand side is from the Heracles Gate and was re-arranged to fit its present location. It shows Nike, the goddess of victory, with a palm branch in her right and a laurel wreath in her left hand.

DAS HERAKLESTOR.
HERAKLES KAPISI.
THE HERACLES GATE.

DAS HERAKLESTOR bildete einst den östlichen Abschluss der Kuretenstraße. Bei seiner Errichtung in der Spätantike wurden zahlreiche ältere Bauteile wiederverwendet, darunter auch zwei Reliefs, auf denen der Heros und Gott Herakles im Löwenfell zu sehen ist. Nach der Errichtung des Heraklestores war es nicht mehr möglich, die Kuretenstraße mit Wagen zu befahren. Die Kuretenstraße wurde zur Fußgängerzone und als innerstädtischer Boulevard prachtvoll ausgestaltet.

HERAKLES KAPISI Kuretler Caddesi'nin doğu ucunu oluşturur. Kapının Geç Antik Dönem'deki inşasında çok sayıda eski yapı parçası tekrar kullanılmıştır. Bunların arasında bugün yeniden ayağa kaldırılan Heros ve aslan postu ile Tanrı Herakles'in tasvirlerinin olduğu iki kabartma da bulunur. Herakles Kapısı'nın yapımından sonra artık Kuretler Caddesi arabaların geçemeyeceği şekilde sınırlandırılmıştır. Kuretler Caddesi yaya yolu ve şehir içi bir bulvar olarak görkemli bir şekilde donatılmıştır.

THE HERACLES GATE marked the eastern end of the Curetes Street. When it was reconstructed in late antiquity, numerous older building parts were reused, among them two reliefs depicting the hero and god Heracles in a lion's skin. Once the Heracles Gate was built it was no longer possible to drive on the Curetes Street with horse carts. The Curetes Street became a pedestrian area, a downtown boulevard, and was magnificently decorated.

FÜSSE EINER MARMORSTATUE OHNE KOPF, IM HINTERGRUND DIE KURETENSTRASSE.
BAŞI OLMAYAN BİR MERMER HEYKELİN AYAKLARI VE ARKA PLANDA KURETLER CADDESİ.
FEET OF A MARBLE STATUE WITHOUT A HEAD, THE CURETES STREET IN THE BACKGROUND.

DAS NYMPHAEUM TRAIANI.
TRAİANUS ÇEŞMESİ.
THE NYMPHAEUM OF TRAJAN.

DIE ÖFFENTLICHE BRUNNENANLAGE war der prunkvoll gestaltete Endpunkt eines langen Aquädukts, das frisches Wasser über viele Kilometer in die Stadt führte. Gestiftet wurden Wasserleitung und Nymphaeum zum Wohle des Stadtvolkes am Beginn des 2. Jahrhunderts von einem der wohlhabendsten ephesischen Bürger seiner Zeit, Tiberius Claudius Aristion. Geweiht war es Kaiser Trajan, von dessen Statue in der großen Mittelnische nur noch ein Fuß an Ort und Stelle zu sehen ist. In den 1960er-Jahren wurde das Bauwerk teilweise wieder errichtet.

KAMUSAL ÇEŞME YAPISI temiz suyu kilometrelerce uzaktan şehre ulaştıran Efes'in su yollarından birinin görkemli bir şekilde düzenlenen bitiş noktasıdır. Su yolu ve Nymphaeum şehir halkının yararına 2. yüzyılın başında, kendi zamanında Efes'in en varlıklı vatandaşlarından biri olan Tiberius Claudius Aristion tarafından bağışlanmıştır. Yapı, ortadaki büyük nişte bulunan heykelinin sadece bir ayağı yerinde kalmış İmparator Traianus'a adanmıştır. Çeşme, 1960'lı yıllarda kısmen tekrar yapılmıştır.

THE PUBLIC FOUNTAIN was the magnificently decorated end piece of a long aqueduct transporting fresh water over many kilometers into the city. The water conduit and nymphaeum were sponsored for the citizens' well-being by one of the wealthiest Ephesians of the time, Tiberius Claudius Aristion, in the early second century. It was dedicated to the emperor Trajan and his statue was placed in the large central niche but only one foot remains where it once stood. The building was partly reconstructed in the 1960s.

DAS VARIUSBAD.
VARİUS HAMAMI.
THE BATHS OF VARIUS.

DAS VARIUSBAD wurde im 2. Jahrhundert errichtet und diente als öffentliche Therme. Römischen Badegewohnheiten entsprechend, verfügt das Bauwerk über Räume für das Kalt-, Warm- und Heißbaden, auch ein Schwitzbereich ist angeschlossen. Die heiztechnischen Räumlichkeiten und wasserwirtschaftlichen Einrichtungen befanden sich im Westen und waren separat zu betreten. Im großen Apodyterium, dem Eingangsbereich und Auskleideraum, ist heute auf einem hohen Sockel eine Marmorstatue zu sehen. Sie zeigt eine Bürgerin namens Scholastikia, die noch in christlicher Zeit die Therme renovieren ließ. Angeschlossen ist dem Gebäude auch eine große öffentliche Latrine.

VARİUS HAMAMI 2. yüzyılda inşa edilmiştir ve halka açık bir hamam olarak hizmet vermiştir. Roma banyo alışkanlıklarına uygun olarak yapıda soğuk, ılık ve sıcak banyo odaları ve bir terleme bölümü bulunmaktaydı. Isıtma tesisatı için olan odalar ile su idaresiyle ilgili yapılar batıda bulunurdu ve bu odaların ayrı girişleri vardı. Giriş bölümü ve soyunma odasından oluşan büyük Apodyterium'da bugün yüksek bir kaide üzerinde bir mermer heykel görülür. Bu heykel Hıristiyanlık Dönemi'nde hamamı onartan Efes vatandaşı Scholastikia'ya aittir. Ayrıca yapıya halka açık büyük bir latrine de eklenmiştir.

THE BATHS OF VARIUS were constructed in the second century and served as a public bath. According to the Roman bathing customs the building has rooms for cold, warm and hot baths as well as a steam bath. The heating rooms and water installations were situated in the west and had separate entrances. In the large apodyterium, a foyer and changing room, the high pedestal of a marble statue is visible today. It shows a female citizen named Scholasticia who had the bath renovated in the Christian period. A large public latrine is attached to the building.

WOHNBAU NEBEN DEM VARIUSBAD.
VARİUS HAMAMI'NIN YANINDAKİ KONUT YAPISI.
PRIVATE HOUSE NEXT TO THE BATHS OF VARIUS.

DIE NATUR erobert sich umgehend die von den Archäologen mühsam freigelegten Bereiche zurück. Ausgegrabene Gebäude müssen daher ständig gewartet werden, ansonsten sind die antiken Mauern rasch von dichter Vegetation überwuchert, die ihrer Substanz schadet. Extreme Wetterbedingungen und die natürliche Hangerosion tragen zusätzlich zum Verfall bei. Ein permanentes Monitoring archäologischer Ausgrabungsstätten ist daher notwendig.

DOĞA arkeologlar tarafından zorluklarla ortaya çıkarılan alanları zaman harcamadan tekrar geri alır. Kazısı yapılmış yapıların bu nedenle sürekli bakımlarının yapılması gereklidir, yoksa yoğun bitki örtüsü antik duvarları hızla kaplar ve duvarların yapısına zarar verir. Aşırı hava koşulları ve doğal yamaç erozyonu yıkımın diğer etkenleridir. Bu nedenle arkeolojik ören yerinin sürekli izlenmesi ve gözlemlenmesi çok gereklidir.

NATURE quickly reclaims the areas painstakingly exposed by archeologists. Therefore, excavated buildings have to be maintained regularly otherwise the ancient walls will soon be overgrown by thick vegetation harmful to their substance. Extreme weather conditions and the natural erosion of the slopes also contribute to the decay. Permanent monitoring of archaeological sites is critical.

HEIZTECHNISCHE EINRICHTUNGEN IM VARIUSBAD.
VARİUS HAMAMI'NIN ISITMA SİSTEMİ.
HEATING INSTALLATIONS IN THE BATHS OF VARIUS.

DER HADRIANSTEMPEL.
HADRİANUS TAPINAĞI.
THE SO-CALLED TEMPLE OF HADRIAN.

DIE ALYTARCHENSTOA, IM HINTERGRUND DER HADRIANSTEMPEL.
ALYTARKHOS STOA'SI, ARKA PLANDA HADRİANUS TAPINAĞI.
THE STOA OF THE ALYTARCHS WITH THE TEMPLE OF HADRIAN IN THE BACKGROUND.

DER HADRIANSTEMPEL an der Kuretenstraße wurde im 2. Jahrhundert n. Chr. von Publius Quintilius Valens Varius gestiftet und war der Göttin Artemis, Kaiser Hadrian und dem Volk von Ephesos gewidmet. Er ist reich mit Reliefschmuck verziert: Den Schlussstein des syrischen, also bogenförmigen Giebels ziert eine Büste der Tyche, im Bogenfeld der Eingangstür ist eine Rankenfrau zu sehen, und Reliefs im Inneren der Vorhalle zeigen die Gründungslegende von Ephesos und den Götterhimmel der Stadt. Vor den kleinen Naiskos stellte man in der Spätantike Statuen von vier Kaisern auf, von denen sich die hohen Basen erhalten haben. Der Hadrianstempel wurde in den 1950er Jahren wieder errichtet.

HADRİANUS TAPINAĞI MS 2. yüzyılda Kuretler Caddesi'nde Publius Quintilius Valens Varius tarafından bağışlanmıştır. Tapınak, Tanrıça Artemis'e, Efes halkına ve İmparator Hadrianus'a adanmıştır. Yapı kabartmalarla zengin bir şekilde dekore edilmiştir. Suriye tipi olarak adlandırılan kemer şekildeki alınlığın kilit taşı Tanrıça Tykhe'nin bir büstü, giriş kapısının kemer alanıysa akanthus içinden filizlenen bir kadın figürü ile süslenmiştir. Ayrıca portikonun iç kısmında Efes'in kuruluş efsanesinin ve şehrin tanrılarının tasvirleri bulunur. Küçük Naiskos'un önüne Geç Antik Dönem'de, günümüze yüksek kaideleri kalmış olan dört imparatorun heykelleri dikilmiştir. Hadrianus Tapınağı 1950'li yıllarda tekrar ayağa kaldırılmıştır.

THE TEMPLE OF HADRIAN along the Curetes Street was donated by Publius Quintilius Valens Varius in the second century A.D. and was dedicated to the goddess Artemis, the people of Ephesos and the emperor Hadrian. It is lavishly decorated with reliefs: the keystone of the Syrian or crescent shaped arch is adorned with a bust of Tyche, the arch field above the front door shows a woman with tendrils, and reliefs inside the vestibule depict the founding legend of Ephesos and the pantheon of the city. In late antiquity statues of four emperors were placed in front of the small naiskos where their high bases still stand. The Temple of Hadrian was reconstructed in the 1950s.

INSCHRIFTENGALERIE AN DER KURETENSTRASSE.
KURETLER CADDESİ'NDEKİ YAZITLAR GALERİSİ.
INSCRIPTION GALLERY ALONG THE CURETES STREET.

EINGEMEISSELTE GESCHICHTE. Tausende von Inschriften wurden in Ephesos bislang gefunden. Es sind Bau-, Ehren- oder Grabinschriften, Gesetzestexte, öffentliche Beschlüsse, Weihungen an Gottheiten, Mitgliederlisten von Vereinen und viele mehr. Zahlreiche in den Inschriften genannten Familien können über mehrere Generationen hinweg verfolgt werden, und immer wieder finden sich auch Namen von herausragenden historischen Persönlichkeiten, die auch in Ephesos ihre Spuren hinterlassen haben. Entlang der Kuretenstrasse wurde eine Inschriftengalerie angelegt.

OYULMUŞ TARİH. Efes'te bugüne kadar binlerce yazıt bulunmuştur. Bunlar yapım, onurlandırma ya da mezar yazıtları, kanun metinleri, kamusal kararlar, tanrılara kutsamalar, derneklerin üye listeleri ve daha birçok konuyu içerirler. Yazıtlarda adı geçen ailelerin birçoğu nesiller boyunca takip edilebilir. Ayrıca Efes'te de izlerini bırakmış öne çıkan tarihi kişiliklerin isimlerine de sık sık rastlanır. Ziyaretçilere yoğun bilgi veren bu kaynak malzemeleri ile ilgili bir izlenim sağlayabilmek amacıyla Kuretler Caddesi boyunca bir yazıt galerisi oluşturulmuştur.

HISTORY CHISELED IN STONE. Thousands of inscriptions have been found in Ephesos, many of them chiseled in stone. They are building, honorific or grave inscriptions, legal texts, public decrees, dedications to deities, lists of members of societies, to name but a few. Many of the families mentioned in the inscriptions can be traced over several generations, and names of outstanding historic celebrities can be frequently found who left their mark on Ephesos. An inscription gallery was built along the Curetes Street to give the visitors an impression of this important body of evidence.

DIE KURETENSTRASSE.
KURETLER CADDESİ.
THE CURETES STREET.

DIE HEUTIGE KURETENSTRASSE dokumentiert, wie der Straßenzug in der Spätantike ausgesehen hat. Die mit Marmor gepflasterte Straße präsentierte sich mit Säulenhallen zu beiden Seiten, dahinter lagen gut erreichbar Werkstätten, Geschäftslokale und öffentliche Küchen. Die Geschichte der Straße geht aber weit in die Vergangenheit zurück, handelt es sich hier doch um den alten Prozessionsweg, der vom Heiligtum der Artemis über den Panayırdağ herum und wieder zurück führte. Erst in der Römischen Kaiserzeit bekam die Kuretenstraße einen Marmorbelag, davor war sie mit kompakten Kieseln gepflastert. Sie war die wichtigste Verbindungsstraße zwischen dem Hafengebiet und der Oberstadt.

BUGÜNKÜ KURETLER CADDESİ Geç Antik Dönem'deki yol güzergâhını izler. Mermer döşemeli caddenin her iki tarafında sütunlu galeriler ve bu galerilerin arkasında kolayca ulaşılabilen atölyeler, işyerleri, açık mutfaklar bulunurdu. Ancak caddenin tarihi bundan çok daha eskiye gider. Cadde, Artemis Kutsal Alanı'ndan başlayıp Panayırdağı etrafını dolaşarak tekrar kutsal alana geri giden eski bir tören alayı yoludur. Daha önce kompakt çakıl taşlarıyla döşeli olan Kuretler Caddesi, ilk olarak Roma İmparatorluk Dönemi'nde mermer bir kaplamaya kavuşmuştur. Cadde Liman Bölgesi ile Yukarı Şehir arasındaki en önemli bağlantı yoluydu.

THE MODERN-DAY CURETES STREET documents what the street looked like in late antiquity. The street paved with marble had columned halls on either side, behind which were easily accessible workshops, shops, and public kitchens. The history of the street reaches back into the distant past, as it was an old processional way which led from the sanctuary of Artemis around the Panayırdağ and back again. The Curetes Street was only paved with marble in the Roman imperial period, prior to that it was paved with compacted pebbles. It was the most important street connecting the harbor area with the upper city.

DAS MARMORPFLASTER DER KURETENSTRASSE.
KURETLER CADDESİ'NİN MERMER DÖŞEMESİ.
THE MARBLE PAVEMENT OF THE CURETES STREET.

DAS OKTOGON, DAS GRABMAL DER ARSINOE IV.
OKTOGON, IV. ARSİNOE'NİN MEZAR ANITI.
THE OCTAGON, THE TOMB OF ARSINOE IV.

METROPOLIS ASIAE. Ephesos war die Hauptstadt der reichsten Provinz des Römischen Reiches: Asia. Kulturell blieb die Stadt jedoch auch während der Kaiserzeit griechisch geprägt. Daher sind auch fast alle Inschriften in griechischer Sprache abgefasst. Offizielle Verlautbarungen veröffentlichte man gerne zweisprachig. Dazu gehört auch ein spätantiker Gesetzestext, der in die Marmorfassade des Oktogons, des frühkaiserzeitlichen Grabmals der Schwester Kleopatras der Großen, eingemeißelt wurde. Nur wenige Inschriften waren dagegen ausschließlich in der Muttersprache der Römer, dem Lateinischen, oder in der Sprache der Juden, dem Hebräischen, abgefasst.

ASYA'NIN METROPOLÜ. Efes Roma İmparatorluğu'nun en zengin eyaleti olan Asya'nın başkentiydi. Ancak şehirde Roma İmparatorluk Dönemi'nde de Yunan kültürü baskındır. Bu nedenle neredeyse bütün yazıtlar Yunanca olarak yazılırdı. Resmi genelgeler ise genellikle çift dilli yayınlanırdı. Buna Roma İmparatorluk Dönemi'nin başlarına tarihlenen ve Büyük Kleopatra'nın kız kardeşinin mezar anıtı olan Oktogon'un mermer cephesine oyulmuş Geç Antik Dönem'e ait Kanun Metni de dahildir. Yalnızca çok az sayıda yazıt Romalıların anadili Latince ya da Yahudi dili İbranice yazılmıştır.

METROPOLIS ASIAE. Ephesos was the capital of the richest province of the Roman Empire: Asia. Culturally the city was heavily influenced by Greek thinking during the imperial period. This is the reason why most of the inscriptions are written in Greek. Official announcements were preferably issued in both languages, such as a late antique legal text chiseled into the marble façade of the Octagon, the tomb of Cleopatra the Great's sister from the early imperial period. Only very few inscriptions were written exclusively in Latin, the native language of the Romans, or in the language of the Jews, Hebrew.

DER BRUNNEN BEIM ANDROKLOS-HEROON AUS DER SPÄTANTIKE.
ANDROKLOS HEROON'UNDAKİ GEÇ ANTİK DÖNEM ÇEŞMESİ.
THE LATE ANTIQUE WELL NEAR THE HEROON OF ANDROCLOS.

DAS HADRIANSTOR.
HADRİANUS KAPISI.
THE GATE OF HADRIAN.

DAS HADRIANSTOR.
HADRİANUS KAPISI.
THE GATE OF HADRIAN.

DIE TORE EINER STADT konnten unterschiedliche Funktionen haben. Stadttore markierten den Übertritt vom Stadtgebiet in das Umland. Sie wirkten verbindend, aber auch abgrenzend und hatten darüber hinaus fortifikatorischen Charakter. Torbauten wurden auch zu Repräsentationszwecken prachtvoll ausgestaltet. Ankommenden sollten Bedeutung und Reichtum der Stadt vor Augen geführt werden. Innerstädtisch konnten Tore, als Denkmal oder Blickfang konzipiert, an Kreuzungen aufgestellt sein oder einzelne Stadtviertel voneinander abgrenzen. Das Hadrianstor weist den Prozessionsweg in die Berge nach Ortygia, wo einer Überlieferung zufolge das Zwillingspaar Artemis und Apollo geboren wurde.

BİR ŞEHRİN KAPILARI farklı işlevlere sahip olabilir. Şehir bölgesinden yakın çevresine geçişi işaret eden şehir kapıları bağlayıcı ama aynı zamanda sınırlandıran bir etkiye sahiptir. Kapılar aynı zamanda tahkimat görevi görür. Kapı yapıları reprezentasyon amaçlı görkemli bir şekilde donatılmışlardır. Şehrin önemi ve zenginliği gelenlerin gözleri önüne serilmek istenmiştir. Anıt olarak veya göze hitap eden bir yapı olarak tasarlanan şehir içi kapıları kavşaklara yerleştirilmiş ya da şehrin farklı bölgelerini birbirinden ayırıyor olabilirler. Hadrianus Tapınağı tören yolunu dağlara, bir anlatıya göre ikiz kardeşler Artemis ve Apollo'nun doğduğu Ortygia'ya yönlendirir.

THE GATES OF A CITY could fulfill different functions. City gates marked the crossing from the city to the surrounding area. They seemed to connect but also limit and additionally had a fortifying character. As a status symbol gate buildings were also lavishly embellished. People arriving were supposed to immediately understand how important and wealthy the city was. Within the city, gates were designed as a monument or to attract attention, could be built at crossings or mark the boundaries of the different city quarters. The processional way runs through the Gate of Hadrian into the mountains to Ortygia where – according to tradition – the twins Artemis and Apollo had been born.

IM ZENTRUM DER STADT.
ŞEHRİN MERKEZİNDE.
IN THE CITY CENTER.

DIE INNENSTADT von Ephesos war dicht bebaut. Hinter den mit Ehrenmonumenten und öffentlichen Bauten geschmückten Straßen standen eng aneinandergereiht Wohnbauten. Die Anordnung dieser Bauten basiert auf einem geometrischen Raster, dem sogenannten hippodamischen Prinzip, dem der Stadtplan von Ephesos zugrunde liegt. Ein rechtwinkliges Straßensystem bildete die Grundlage, und auf den großen dazwischen liegenden Parzellen wurden Wohnblöcke, sogenannte Insulae, gebaut. Eine Insula konnte mehrere separate Wohnhäuser umfassen, aber auch eine einzige Einheit bilden.

ŞEHİR MERKEZİ, Efes'te oldukça yoğun imar görmüştür. Onurlandırma anıtları ve kamusal yapılarla süslenmiş yolların arkasında yan yana sıralanmış çok yakın konut yapıları bulunur. Bu yapıların düzenlemesinde Efes'in şehir planının dayandığı Hippodamos prensibi adıyla anılan ızgara plan temel oluşturur. Bu planda birbirini dik kesen bir yol sistemi temeli oluşturur ve arada kalan büyük parsellere İnsula denilen büyük konut blokları inşa edilirdi. Bir İnsula birçok ayrı konut yapısını içinde barındırabilirken aynı zamanda tek bir birim oluşturuyordu.

THE CITY CENTER of Ephesos was densely built. Houses were built side by side behind the streets adorned with honorific monuments and public buildings. The layout of these buildings is based on a geometric grid, the so-called Hippodamian principle, underlying the city layout of Ephesos. A regular street grid was the basis and houses, so-called insulae, were built on the large lots. One insula could consist of several separate houses, but could also form a single unit.

HINTERHÖFE UND VERBORGENE PLÄTZE.
ARKA AVLULAR VE SAKLI KALMIŞ YERLER.
BACKYARDS AND HIDDEN SPOTS.

DIE STADT AUS MARMOR. Das Umland von Ephesos ist reich an Marmor: In zahlreichen Steinbrüchen in der unmittelbaren Umgebung wurde weißer Marmor gebrochen, als Baumaterial verwendet, aber auch weithin exportiert. Ephesischer Marmor findet sich beispielsweise auch in Rom. Andererseits ließen sich die Bewohner der Metropole wertvolle Marmorsorten aus dem gesamten Imperium, speziell aus Griechenland, Ägypten, Nordafrika sowie Kleinasien, liefern, um damit Böden und Wände zu verkleiden sowie Skulpturen und dekorative Gefäße herzustellen.

MERMERDEN ŞEHİR. Efes'in çevresi mermer açısından zengindir: Yakın çevrede bulunan çok sayıdaki taşocağında beyaz mermer çıkarılıyordu. Bu mermer inşa malzemesi olarak kullanıldığı gibi uzaklara da ihraç ediliyordu. Efes mermerinin örneğin Roma'da da kullanıldığı görülür. Diğer taraftan Efes metropolünün sakinleri, duvarları ve yerleri kaplamak, heykeller ve dekoratif kaplar üretmek için bütün İmparatorluktan özellikle Yunanistan, Mısır, Kuzey Afrika ve Küçük Asya'dan değerli mermer çeşitlerini de getirtiyorlardı.

THE CITY MADE OF MARBLE. The surroundings of Ephesos are rich in marble: In the immediate vicinity white marble was broken in the numerous quarries, used as building material and exported to distant places. Ephesian marble can be found in Rome, for example. Yet, the inhabitants of the metropolis had valuable kinds of marble delivered from the entire empire, above all from Greece, Egypt, North Africa and Asia Minor. It was used to pave the floors and walls and make sculptures and decorative vases.plitio. It et assi aut volum aut pa cum nonecaes

ÖFFENTLICHE TOILETTEN. Hohe Hygienestandards zu halten, war Aufgabe der kommunalen Verwaltung. Die öffentlichen Latrinen wurden allerdings häufig von Privatpersonen gestiftet. So auch hier in Ephesos, wo die Toilette direkt an das Variusbad anschloss und mit diesem eine bauliche Einheit bildete. Diese Latrinen ermöglichten den gemeinschaftlichen Toilettenbesuch, Fäkalien und Urin wurden über tiefe Kanäle mit Fließwasser abgeführt. Über die Rinnen vor den Sitzbänken konnten überschüssiges Wasser und verspritzter Urin abgeführt werden. Bereits in der Antike gab es Geräte, Xylospongia, die in ihrer Form den heutigen Toilettenbürsten ähneln und wohl auch so verwendet wurden.

KAMUSAL TUVALETLER. Yüksek hijyen standartlarını sağlamak yerel yönetimin göreviydi. Ancak kamusal Latrineler çoğunlukla özel kişiler tarafından bağışlanmışlardır. Aynı durum Efes'te de, Varius Hamamı'nın hemen bitişiğinde yapılan ve bununla bir yapısal birlik oluşturan tuvaletlerde görülür. Bu Latrineler beraberce yapılan tuvalet ziyaretlerine olanak sağlar. Dışkılar ve idrar derin kanalların içinde bulunan akan su ile uzaklaştırılır. Oturma yerlerinin önündeki kanalcıklarla fazla gelen su ve etrafa sıçrayan idrarın akıp gitmesi sağlanmış olur. Daha Antik Dönem'de şekil bakımından bugünkü tuvalet fırçasına benzeyen ve aynı işleve sahip Xylospongia denilen aletler vardı.

PUBLIC TOILETS. The local administration was responsible for maintaining high standards of hygiene. However, the public latrines were frequently sponsored by individuals. This was also the case in Ephesos where the toilet was directly connected to the Baths of Varius and formed a structural unit. These latrines permitted the communal visit of the toilets; feces and urine were washed away by the deep canals with flowing water. Excess water and urine could be flushed away through the gutter in front of the seats. In antiquity implements, xylospongia, were known which were similar to the modern-day toilet brushes, and were probably used as such.

DIE GEMEINSCHAFTSLATRINE BEIM VARIUSBAD.
VARİUS HAMAMI'NDAKİ TOPLU LATRİNE.
THE COMMUNAL LATRINE IN THE BATHS OF VARIUS.

DAS HANGHAUS 2.
YAMAÇ EV 2.
TERRACE HOUSE 2.

DER HÖHEPUNKT jedes Ephesosbesuchs ist das Hanghaus 2. Das einzigartige Denkmal liegt inmitten des römischen Stadtzentrums und ist heute durch eine moderne Dachkonstruktion geschützt. Besuchergalerien ermöglichen einen beeindruckenden Einblick in die Wohnkultur der städtischen Oberschicht von Ephesos. Auf 4 000 Quadratmetern erstrecken sich sieben Häuser, reich mit Wandmalereien, Bodenmosaiken und Marmorverkleidungen ausgestattet. Erbaut im 1. Jahrhundert n. Chr., wurde das Gebäude anlässlich eines desaströsen Erdbebens im späten 3. Jahrhundert komplett zerstört und nie wieder aufgebaut.

HER EFES ZİYARETİNİN ZİRVESİNİ Yamaç Ev 2 oluşturur. Bu emsalsiz anıt, Roma şehir merkezinin ortasında bulunur ve günümüzde modern bir çatı konstrüksiyonu ile korunmaktadır. Ziyaretçi galerileri Efes şehrinin üst sınıfının yaşam kültürlerine etkileyici bir bakış açısı sağlar. Duvar resimleri, taban mozaikleri ve mermer kaplamaları ile zengin bir şekilde donatılmış yedi ev 4 000 m²'lik bir alana yayılır. MS 1. yüzyılda inşa edilen yapı MS 3. yüzyılın sonundaki feci bir deprem nedeniyle tamamen yıkılmış ve bir daha da inşa edilememiştir.

THE HIGHLIGHT of every visit to Ephesos is Terrace House 2. The unique monument is situated in the middle of the Roman city center and is now protected by a modern roof construction. Visitor walkways afford impressive insights into the way the urban upper classes of Ephesos lived. Seven houses, lavishly adorned with wall paintings, floor mosaics and marble panels, are spread over 4,000 square meters. The building was constructed in the first century A.D. but was completely destroyed by a catastrophic earthquake in the late third century and was never rebuilt.

DIE WOHNEINHEIT 3 IM HANGHAUS 2.
YAMAÇ EV 2'DEKİ KONUT BİRİMİ 3.
RESIDENTIAL UNIT 3 IN TERRACE HOUSE 2.

DIE WOHNEINHEIT 3 liegt auf der mittleren Terrasse und war mit 280 m² Grundfläche das kleinste Haus im Hanghaus 2, besticht aber dennoch durch reichen Malerei- und Mosaikschmuck. Um einen zentralen Peristylhof – Erschließungsraum und Kommunikationszentrum in einem – gruppieren sich mehrere Räume, darunter ein Musenzimmer, benannt nach dem charakteristischen Wanddekor. Von den Malereien haben sich übereinander liegend mehrere Phasen erhalten, die letzte und jüngste imitiert weiße Marmorplatten, die mit roten Rahmen eingefasst sind.

KONUT BİRİMİ 3 orta terasta bulunur. 280 m²'lik alanıyla Yamaç Ev 2'deki en küçük evi oluştursa da resimleri ve mozaik süslemeleriyle dikkat çekicidir. Merkezi bir peristilli avlunun etrafında (hem giriş sağlayan alan hem de komunikasyon merkezinin bir arada olduğu alan) aralarında karakteristik duvar dekorasyonunun adını alan bir Musalar Odası da olan çeşitli odalar gruplanır. Duvar resimlerinde üst üste bir çok dönem korunmuştur, ilk ve son evre resimlerinde kırmızı bir çerçeve ile etrafı çerçevelenmiş beyaz mermer levhaların taklitleri görülür.

RESIDENTIAL UNIT 3 is situated on the middle terrace and was the smallest house in Terrace House 2 with a surface area of 280 square meters, but is still impressive due to its many decorative paintings and mosaics. Around a central Peristyle courtyard – connecting space and communication center all in one – are several rooms, including a room devoted to the muses, named after the characteristic wall decoration. Several phases of painting have been preserved layered on top of each other; the last and most recent one imitates white marble panels with a red frame.

DAS LÖWENMOSAIK.
ASLAN MOZAİĞİ.
THE LION MOSAIC.

EIN PRACHTSTÜCK ist das Löwenmosaik in der Wohneinheit 3. Der Boden zierte einen im Norden des Hauses gelegenen Speiseraum. Im zentralen Mittelfeld ist hier ein Löwe mit einem abgerissenen blutigen Stierkopf zwischen den Pranken dargestellt, er reiht sich in das in der Mosaikkunst sehr beliebte Sujet von Tierkämpfen ein. Die Katze hatte wohl eher die Bremer Stadtmusikanten vor Augen. Das Mosaik entstand in der Mitte des 2. Jahrhunderts n. Chr. – ein Bauopfer, das unter dem Boden im Eingangsbereich gefunden wurde, ist Indiz für diesen Zeitraum.

EN GÖRKEMLİ PARÇA Konut Birimi 3'teki aslanlı mozaiktir. Taban döşemesi olarak kullanılan bu mozaik evin kuzeyinde bulunan bir yemek salonunu süsler. Ortada, pençeleri arasında kopmuş, kanlı bir boğa başı olan bir aslan tasvir edilmiştir. Bu sahne mozaik sanatında hayvan dövüşlerinin çok sevilen bir sahnesidir. Kedi bu sahne yerine herhalde Bremen Mızıkacıları'nı görmeyi yeğlerdi. Mozaik MS 2. yüzyılın ortalarında yapılmıştır. Giriş kısmının tabanının altında bulunan yapıya adanmış sunu bu tarihe işaret eder.

THE LION MOSAIC in residential unit 3 is a magnificent piece. The floor adorned a dining room in the northern part of the house. The central panel depicts a lion holding a severed bleeding bull's head between its paws; the subject of animal fights was very popular in mosaic art. The cat might have been thinking of The Lion King instead. The mosaic was laid in the mid-second century A.D. – a building sacrifice was found under the floor in the foyer indicating this time period.

DIE CELSUSBIBLIOTHEK.
CELSUS KÜTÜPHANESİ.
THE LIBRARY OF CELSUS.

DIE CELSUSBIBLIOTHEK wurde im frühen 2. Jahrhundert n. Chr. von Gaius Iulius Aquila im Andenken an seinen Vater, Tiberius Iulius Polemaeanus Celsus, Senator und Statthalter der Provinz Asia, gestiftet. Sie diente dem Volk von Ephesos als öffentliche Bibliothek und wahrscheinlich auch als städtisches Archiv. In erster Linie war sie jedoch ein Heroon für den verstorbenen Vater und sollte dazu dienen, die Erinnerung an ihn hochzuhalten. Bereits im fortgeschrittenen 3. Jahrhundert zerstörte ein Erdbeben die Bibliothek, alle Bücher verbrannten. Die Fassade nutzte man in der Spätantike als dekorative Kulisse für einen Brunnen. Auf der Rückseite des Gebäudes liegt die Grabkammer des Celsus, sein Sarkophag steht noch heute dort.

CELSUS KÜTÜPHANESİ MS 2. yüzyılın başında Gaius Aquila tarafından senatör ve Asya Eyaleti'nin valisi olan babası Tiberius Iulius Polemaeanus Celsus'un anısına bağışlanmıştır. Yapı Efes halkına, kütüphane ve muhtemelen şehir arşivi olarak hizmet vermiştir. Ancak en başta, ölen baba için bir Heroon'du ve anıları canlı tutmak amacıyla yapılmıştır. MS 3. yüzyılın sonlarına doğru yaşanan bir depremde kütüphane yıkılmış ve bütün kitaplar yanmıştır. Ön cephe Geç Antik Dönem'de bir çeşme yapısının görkemli dekoratif arka duvarı olarak kullanılmıştır. Binanın arka tarafında, lahiti bugün hâlâ burada görülebilen bir mezar odası bulunur.

THE LIBRARY OF CELSUS was sponsored by Gaius Iulius Aquila in honor of his father Tiberius Iulius Plemaeanus Celsus, senator and governor of the province Asia, in the early second century A.D. It served as a public library for the people of Ephesos and probably was also used as the city archives. Primarily it was built as a heroon for the deceased father and was intended to commemorate him. The library was destroyed by an earthquake in the late third century and the books were burnt. The façade was used as a decorative backdrop of a fountain in late antiquity. The burial chamber of Celsus is situated at the back of the building, his sarcophagus is still there.

FASSADE UND MITTELPORTAL DER CELSUSBIBLIOTHEK.
CELSUS KÜTÜPHANESİ'NİN CEPHESİ VE ORTA GİRİŞ KAPISI.
FAÇADE AND CENTRAL PORTAL OF THE LIBRARY OF CELSUS

DIE FASSADE DER CELSUSBIBLIOTHEK, DEREN WIEDERERRICHTUNG IM JAHR 1978 VOLLENDET WURDE.
ARKA PLANDA 1978 YILINDA YENİDEN AYAĞA KALDIRILAN CELSUS KÜTÜPHANESİ'NİN ÖN CEPHESİ.
IN THE BACKGROUND: FAÇADE OF THE LIBRARY OF CELSUS, THE RECONSTRUCTION WAS COMPLETED IN 1978.

SOPHIA, DIE WEISHEIT, EINE DER VIER PERSONIFIZIERTEN TUGENDEN DES CELSUS.
SOPHIA, BİLGELİK, CELSUS'UN KİŞİLEŞTİRİLMİŞ DÖRT ERDEMİNDEN BİRİ.
SOPHIA, WISDOM, ONE OF THE FOUR PERSONIFIED VIRTUES OF CELSUS.

SPÄTANTIKE INSCHRIFTENBASIS DES EPARCHEN ANDREAS.
EPARKHOS ANDREAS'IN GEÇ ANTİK DÖNEM YAZITLI KAİDESİ.
LATE ANTIQUE INSCRIPTION BASE OF THE EPARCH ANDREAS.

SPÄTANTIKE INSCHRIFTENBASIS, IM HINTERGRUND DIE FASSADE DER CELSUSBIBLIOTHEK.
GEÇ ANTİK DÖNEM'DEN YAZITLI BİR KAİDE, ARKA PLANDA CELSUS KÜTÜPHANESİ'NİN CEPHESİ.
LATE ANTIQUE INSCRIPTION BASE, WITH THE FAÇADE OF THE LIBRARY OF CELSUS IN THE BACKGROUND.

DIE WIEDER ERRICHTETE FASSADE der Celsusbibliothek ist heute das Wahrzeichen von Ephesos und der in ihr bestattete Celsus unvergessen. Während das Gebäude selbst aus einfachen Bruchsteinmauern und Ziegeln erbaut wurde, erstrahlte die Tabernakelarchitektur der Prunkfassade in Marmor. Über eine neunstufige Treppe, zu deren beider Seiten Reiterstandbilder des Geehrten standen, auf deren Basen dessen Karriereschritte minutiös in griechischer und lateinischer Sprache aufgeschrieben waren, erhob sich eine zweigeschossige, reich dekorierte Architektur. Der Innenraum war dreigeschossig angelegt und überdacht. In den Nischen konnten die Buchrollen aufbewahrt werden.

CELSUS KÜTÜPHANESİ'NİN TEKRAR AYAĞA KALDIRILAN CEPHESİ günümüzde Efes'in sembolüdür ve yapı, içinde defnedilen Celsus'u unutulmaz kılmıştır. Binanın kendisi basit moloz taş duvar ve tuğlalardan inşa edilmişken görkemli cephenin Tabernakel mimarisi mermerle parlamaktaydı. İki tarafında, kaidelerinde kariyer adımlarının detaylı bir şekilde Latince ve Yunanca olarak yazıldığı Celsus'un atlı heykellerinin bulunduğu dokuz basamaklı bir merdivenin üstünde iki katlı zengin dekorasyona sahip bir mimari yükselir. Yapının içi üç katlı yapılmış olup çatısı bulunmaktaydı. Kitap ruloları nişlerde bulunuyordu.

THE RECONSTRUCTED FAÇADE of the Library of Celsus is the modern emblem of Ephesos and Celsus, who was buried in it, is not forgotten. While the building itself was built out of simple rubble walls and bricks, the tabernacle architecture of the magnificent façade glistened with marble. Above a stairway with nine steps a lavishly decorated two-story architecture arose. The stairway was framed on both sides by equestrian statues of the honored, on their pedestals a detailed account of his career was inscribed in Greek and Latin. The interior had three levels and was covered by a roof. The scrolls were stored in the niches.

INSCHRIFTENBASIS DER SCHOLASTIKIA.
SCHOLASTİKİA'NIN YAZITLI KAİDESİ.
INSCRIPTION BASIS OF SCHOLASTICIA.

DAS BIBLIOTHEKSVIERTEL bildete den unteren, den westlichen Abschluss des Embolos. Zu sehen sind zahlreiche Bauwerke unterschiedlicher Zeitstellung, darunter der Sockel eines Rundbaus, dessen durchbohrte Bauteile eine antike Wasseruhr erschließen lassen. Als Kreuzungspunkt mehrerer Straßen war der Vorplatz der Celsusbibliothek auch Verkehrsknotenpunkt und Station der zahlreichen Prozessionen. Dies erklärt auch die Fülle an Monumenten und die prachtvolle Gestaltung des Platzes.

KÜTÜPHANE BÖLGESİ EMBOLOS'UN en alttaki, batıdaki bitişini oluşturuyordu. Burada, delinmiş yapı elemanlarından antik bir su saati olduğu anlaşılan yuvarlak bir yapının tabanının da aralarında olduğu farklı zamanlardan çok sayıda yapı görülebilir. Birçok yolun buluştuğu bir kavşak noktası olarak Celsus Kütüphanesi'nin önü ulaşımın düğüm noktası, çok sayıdaki tören alayının durağı idi. Bu durum alanın bu kadar görkemli bir şekilde yapılmasını ve buradaki anıtların çokluğunu açıklar.

THE LIBRARY QUARTER was the lower, western end of the Embolos. Numerous buildings from different periods are visible, including the foundation of a round building; the perforated parts might indicate its use as an ancient water meter. Several streets crossed on the square in front of the Library of Celsus, it was also a traffic junction and a stop of numerous processions. This also explains the great number of monuments and the magnificent design of the square highlighted by the splendid Library of Celsus.

DIE CELSUSBIBLIOTHEK UND DAS MAZAEUS-MITHRIDATES-TOR.
CELSUS KÜTÜPHANESİ VE MAZAEUS-MİTHRİDATES KAPISI.
THE LIBRARY OF CELSUS AND THE MAZEUS AND MITHRIDATES GATE.

CELSUSBIBLIOTHEK BEI NACHT.
CELSUS KÜTÜPHANESİ'NİN GECE GÖRÜNÜŞÜ.
THE LIBRARY OF CELSUS BY NIGHT.

DIE TETRAGONOS-AGORA, DER HANDELSMARKT VON EPHESOS.
TETRAGONOS AGORASI, EFES'İN TİCARET MEYDANI.
THE TETRAGONOS AGORA, THE COMMERCIAL MARKET OF EPHESOS.

DIE SÜDHALLE DER TETRAGONOS-AGORA.
TETRAGONOS AGORASI'NIN GÜNEY GALERİSİ.
THE SOUTHERN HALL OF THE TETRAGONOS AGORA.

DIE TETRAGONOS-AGORA war in der Römischen Kaiserzeit der Handelsmarkt von Ephesos. Die Geschichte des Platzes reicht jedoch bis in das 7. Jahrhundert v. Chr. zurück, als sich hier eine kleine Fischersiedlung befand, die damals noch direkt an der Küste lag. Im Hellenismus entstand an derselben Stelle, aber wesentlich höher, ein Handelsmarkt, der seine an allen Seiten geschlossene und mit umlaufenden Säulenhallen versehene Form allerdings erst in der frühen Römischen Kaiserzeit erhielt. Das heutige Erscheinungsbild ist stark durch spätantike Renovierungen geprägt. Vieles deutet darauf hin, dass die Tetragonos-Agora bis weit in die byzantinische Zeit hinein genutzt wurde.

TETRAGONOS AGORASI Roma İmparatorluk Dönemi'nde Efes'in ticaret meydanıydı. Ancak yapının tarihi MS 7. yüzyıla kadar gider. O zamanlar burası hemen deniz kıyısında bulunan küçük bir balıkçı yerleşimiydi. Hellenistik Dönem'de aynı yerde ancak çok daha yüksek bir seviyede bir ticaret alanı oluşturulmuştur. Ancak bu ticaret meydanının her taraftan kapalı ve sütunlu galerilerle donatılmış bir hale gelmesi ilk olarak Roma İmparatorluk Dönemi'nde gerçekleşmiştir. Bugünkü görüntüsünde Geç Antik Dönem'deki tadilatlar büyük yer tutar. Pek çok veri Tetragonos Agorası'nın Bizans Dönemi'nin ilerleyen zamanlarına dek kullanılmaya devam ettiğini gösterir.

THE TETRAGONOS AGORA was the commercial market of Ephesos in the Roman imperial period. However, the history of the square dates back to the seventh century B.C. when there was a small settlement of fishermen situated along the former coast. In the Hellenistic period a market place was built in the same location, but considerably higher, in the early Roman imperial period it was closed off on all sides and framed by columned halls. Its modern appearance is heavily influenced by the late antique renovations. Multiple pieces of evidence suggest that the Tetragonos Agora was used well into the Byzantine period.

DIE TETRAGONOS-AGORA, VON SÜDEN BETRACHTET.
TETRAGONOS AGORASI, GÜNEYDEN BAKIŞ.
THE TETRAGONOS AGORA, FROM THE SOUTH.

DAS SÜDTOR DER TETRAGONOS-AGORA.
TETRAGONOS AGORASI'NIN GÜNEY KAPISI.
THE SOUTH GATE OF THE TETRAGONOS AGORA.

GELUNGENE ANASTYLOSEN: SÜDTOR UND CELSUSBIBLIOTHEK.
GÜNEY KAPISININ BAŞARILI ANATYLOSİS'İ VE CELSUS KÜTÜPHANESİ.
SUCCESSFUL ANASTYLOSIS: THE SOUTH GATE AND THE LIBRARY OF CELSUS.

WIEDER AUF DER TETRAGONOS-AGORA.
TEKRAR TETRAGONOS AGORASI'NDA.
BACK TO THE TETRAGONOS AGORA.

DER PLATZ diente als Umschlagplatz für Waren aller Art. Im Westen führte ein Tor direkt zum Hafen, im Norden verband ein weiteres den Platz mit der Arkadiane, der zentralen Hafenstraße von Ephesos. Im Süden wiederum verband ein repräsentativ gestaltetes Prunktor den Markt mit dem Bibliotheksviertel. Als Stifter treten hier die unter Kaiser Augustus freigelassenen Sklaven Mazaeus und Mithridates auf, nach denen auch das Tor benannt ist. Der gesamte Bau ist mit Inschriften übersät, die sich direkt mit der wirtschaftlichen Funktion des Marktes in Verbindung bringen lassen, wie Preisedikte und behördliche Verordnungen. Davon zu unterscheiden sind die modernen Graffiti, Spuren der Millionen von Menschen, die Ephesos besucht haben.

MEYDAN, ter türlü mal için aktarma yeri olarak hizmet veriyordu. Batıda bir kapı doğrudan limana giderken kuzeyde başka bir yol meydanı Efes'in en önemli liman caddesi olan Arkadiane ile bağlıyordu. Güneyde ise görkemli bir kapı çarşıdan kütüphane bölgesine çıkıyordu. Kapıyı İmparator Augustus döneminde serbest bırakılan, yapıya adlarını da veren köleler Mazaeus ve Mithridates bağışlamıştır. Bütün yapı, belirlenmiş ürün fiyatları ve resmi düzenlemeler gibi çarşının ekonomik işleviyle ilgili yazıtlarla doludur. Efes'i ziyaret eden milyonlarca insanın izleri olan modern graffitileri bunlardan ayrı tutmak gerekir.

THE SQUARE served as the trade center for goods of all kinds. In the West, a gate led directly to the harbor, in the North, another gate connected the square with the Arcadiane, the central harbor road of Ephesos. In the South, an impressively designed gate connected the market with the library quarter. The slaves Mazeus und Mithridates appear as the sponsors; they were set free under the emperor Augustus and this gate is named after them. The entire building is covered by inscriptions that directly relate to the commercial function of the market, such as price edicts and rules set by the authorities. This is a stark contrast to the modern graffiti, traces left by millions of people who have visited Ephesos.

EPHESOS war ein wichtiges Handelszentrum und der Hafen der Stadt bedeutender Verkehrsknotenpunkt. Im Hafenviertel, in dem die Tetragonos-Agora liegt, pulsierte das Leben. Hier lagen die Warenhäuser, die Werkstätten, aber auch die Gaststätten und die Unterkünfte für Reisende, Seeleute und Abenteurer. Produkte aus dem Hinterland wurden nach Ephesos gebracht, hier verzollt und dann weiterer Handel mit ihnen betrieben. Die Stadt war ein großer Exporteur von Wein, der in speziell dafür hergestellten Amphoren verschifft wurde. Mit Sicherheit wurde aber auch einiges davon bereits in den Hafenschenken von Ephesos getrunken.

EFES önemli bir ticaret merkezi ve şehrin limanı ise önemli bir kavşaktı. Tetragonos Agorası'nın da bulunduğu liman bölgesinde şehrin kalbi atıyordu. Burada dükkânlar ve atölyelerin yanı sıra yolcular, denizciler, maceraperestler için de lokantalar ve konaklama yerleri bulunuyordu. Art bölgesinden Efes'e gelen ürünler burada gümrüklenir ve daha sonra satışları yapılırdı. Şehir büyük bir şarap ihracatçısıdır. Şarap özel olarak bu amaç için üretilen amforalarda gemilere yüklenirdi. Şarabın birazının Efes'in liman meyhanelerinde içildiği ise su götürmez bir gerçektir.

EPHESOS was an important commercial center and the harbor of the city a significant traffic junction. The harbor district with the Tetragonos Agora was bustling with life. Here were stores, workshops, but also inns and accommodation for travelers, sailors and adventurers. Products from the hinterland were brought to Ephesos where duty had to be paid before they were traded. The city was a big exporter of wine which was shipped in especially manufactured amphorae. It is probably safe to say that some of it was consumed in the harbor inns of Ephesos.

SÄULENHALLE IM OSTEN DER TETRAGONOS-AGORA.
TETRAGONOS AGORASI'NIN DOĞUDAKİ SÜTUNLU GALERİSİ.
COLUMNED HALL AT THE EASTERN END OF THE TETRAGONOS AGORA.

DIE MARMORSTRASSE UND DER EMBOLOS, HEUTE KURETENSTRASSE GENANNT, TREFFEN HIER AUFEINANDER.
MERMER CADDESİ VE BUGÜN KURETLER CADDESİ OLARAK ADLANDIRILAN EMBOLOS BURADA BULUŞUR.
THE MARBLE STREET AND THE EMBOLOS, TODAY CALLED CURETES STREET, JOIN HERE.

MARMORSTRASSE UND NERONISCHE HALLE.
MERMER CADDESİ VE NERON STOA'SI.
MARBLE STREET AND THE HALL OF NERO.

OSTSEITE DER NERONISCHEN HALLE.
NERON STOA'SININ DOĞU TARAFI.
EASTERN SIDE OF THE HALL OF NERO.

DIE MARMORSTRASSE war eine der Hauptstraßen in Ephesos und ein Abschnitt des Prozessionswegs. Sie führte vom Bibliotheksvorplatz über das große Theater bis in jenes Stadtviertel, das in der Antike Koressos hieß und in dem das Stadion und das Vediusgymnasium lagen. Die Westseite der Straße wird von einer Halle eingenommen, die zu Ehren von Kaiser Nero und seiner Mutter Agrippina erbaut worden war. Die Polsterquader, bei denen sich der Stein auf der Sichtseite polsterartig nach außen wölbt, lassen sich von Süden kommend auf der ganzen Länge der Straße beobachten. Die regelmäßig auftretenden Löcher sind das Resultat von Metallraub. Dabei brach man jene Stellen, wo Verklammerungen vermutet wurden, auf und entnahm das wertvolle Material.

MERMER CADDESİ Efes'in ana caddelerinden biri ve tören yolunun bir parçasıdır. Cadde kütüphanenin önündeki alandan çıkıp tiyatro üzerinden, Stadion ve Vedius Gymnasiumu'nun bulunduğu, Antik Dönem'de Koressos olarak adlandırılan bölgeye gider. Caddenin batı tarafında İmparator Neron ve annesi Agrippina onuruna yaptırılmış bir stoa bulunur. Ön yüzleri yastık gibi dışarı doğru kabartmalı olan bosajlı taş bloklar güneyden gelirken bütün cadde boyunca görülür. Düzenli aralıklarla görülen boşluklar metallerin çalınması sonucu oluşmuştur. Metal kenet bulunabileceği düşünülen yerler kırılıp değerli malzeme alınırdı.

THE MARBLE STREET was one of the main roads in Ephesos and a section of the processional way. It led from the square in front of the library past the Great Theater down to the quarter called Coressus in antiquity, where the stadium and the Vedius Gymnasium were situated. The west side of the street is dominated by a hall which was built in honor of the emperor Nero and his mother Agrippina. Rusticated masonry dressed with a cushion-like facing can be seen along the entire length of the street coming from the South. The regularly occurring holes were caused by metal thieves. The stones were broken open in places where metal clamps were suspected and the valuable material was removed.

DORISCHES KAPITELL DER NERONISCHEN HALLE, IM HINTERGRUND DIE MARMORSTRASSE.
NERON STOA'SININ DOR SÜTUN BAŞLIKLARI, ARKA PLANDA MERMER CADDESİ.
DORIC CAPITAL OF THE HALL OF NERO WITH THE MARBLE STREET IN THE BACKGROUND.

DAS SOGENANNTE SERAPEION.
SERAPEION OLARAK ADLANDIRILAN YAPI.
THE SO-CALLED SERAPEION.

DIE EINGESTÜRZTE PRUNKFASSADE DES SOGENANNTEN SERAPEION.
SERAPEION'UN YIKILMIŞ GÖRKEMLİ CEPHESİ.
THE COLLAPSED FAÇADE OF THE SO-CALLED SERAPEION.

DIESER MONUMENTALE TEMPEL wurde über einer hohen Freitreppe im 2. Jahrhundert n. Chr. erbaut. Bis heute ist nicht sicher nachgewiesen, welche Gottheit hier verehrt wurde. Ein Erdbeben ließ den Tempel einstürzen, fast alle Bauteile blieben aber erhalten. Sie wurden wohl aufgrund ihres hohen Gewichts nicht verschleppt und verbaut. Über einer Freitreppe erhob sich der gewaltige Tempel mit einer Gesamthöhe von 23 Metern. Die Fassade bestand aus Prokonnesischem Marmor, der importiert werden musste. In der Spätantike wurde der Tempel in eine Kirche umgewandelt, aus dieser Zeit stammen zahlreiche Ritzzeichnungen auf der Treppe.

BU ANITSAL TAPINAK MS 2. yüzyılda yüksek bir merdiven üzerinde inşa edilmiştir. Bugüne kadar hangi tanrıya adanmış olduğu kesin olarak tespit edilememiştir. Bir depremde tapınak yıkılsa da bütün yapı elemanları korunmuştur. Anlaşılan çok ağır olmaları nedeniyle buradan taşınamamış ve başka yapılarda kullanılamamışlardır. Serbest bir merdiven üzerinde toplam yüksekliği 23 metre olan devasa bir tapınak yükselir. Cephesi ithal edilen Prokonnessos mermerinden oluşur. Geç Antik Dönem'de tapınak kiliseye dönüştürülmüştür. Merdivende görülen sayısız kazıma çizimler olasılıkla bu döneme aittir.

THIS MONUMENTAL TEMPLE was built above a high staircase in the second century A.D. It still remains unclear which deity was honored here. The temple collapsed during an earthquake, but most of the architectural elements have been preserved. They were probably not removed or rebuilt due to their weight. The massive temple with a total height of 23 meters was built atop a staircase. The façade was made of Proconnesian marble which had to be imported. In late antiquity the temple was transformed into a church. The numerous incised drawings on the steps are from this period.

MODERNE AUFSTELLUNG ANTIKER SARKOPHAGE.
ANTİK LAHİTLERİN MODERN SERGİLEMESİ.
MODERN DISPLAY OF ANCIENT SARCOPHAGI.

WER ES SICH LEISTEN KONNTE, ließ sich in marmornen Sarkophagen, die zum Teil aufwendige Reliefverzierung aufwiesen, bestatten. Sie standen entweder in Grabhäusern oder wurden überhaupt in die Erde versenkt und waren daher für die Lebenden nicht mehr zu sehen. Ihre Pracht galt ausschließlich der Selbstdarstellung der Verstorbenen und dokumentierte deren Stellung auch nach dem Tod. Ursprünglich standen die Sarkophage außerhalb der Stadtgrenzen in Nekropolen, den Totenstädten. Erst seit der touristischen Aufbereitung von Ephesos werden sie publikumswirksam zur Schau gestellt.

ALACAK GÜCÜ OLAN KİŞİLER, bazıları oldukça zahmetli kabartma bezemelere sahip mermer lahitlerde defnedilmişlerdir. Lahitler ya mezar evlerine yerleştirilir ya da toprak içine konulurdu. Toprak içine konanlar, yaşayanlar için artık görünmez hale gelirlerdi. Bu lahitlerin gösterişi ölenlerin kendilerini yüceltmelerini ve ölümden sonra da toplum içindeki mevkilerinin belgelenmesini sağlardı. Esasında lahitler şehir sınırlarının dışında nekropollerde (Yunanca ölüler şehri, mezarlık alanı) bulunurdu. Bu lahitler Efes'in turistik düzenlenmesi kapsamında ziyaretçilerin görebileceği biçimde sergilenmeye başlanmışlardır.

WHOEVER COULD AFFORD IT was buried in a marble sarcophagus some of which were decorated with detailed reliefs. They either stood in burial houses or were sunk into the earth and were thus not visible to the living. Their splendor served to promote the image of the deceased and to document their position in society even after their death. Originally, the sarcophagi were placed outside the city limits in necropoleis, the cities of the dead. It was not until Ephesos was made accessible to the tourists that they were transferred into the city and displayed now for everyone to see.

DIE ARKADIANE, DIE HAFENSTRASSE.
ARKADİANE, LİMAN CADDESİ.
THE ARCADIANE, THE HARBOR STREET.

ALS ARKADIANE wird eine 500 Meter lange Säulenstraße bezeichnet, die vom zentralen Hafentor direkt zum großen Theater von Ephesos führte. Den Namen verdankt sie dem spätantiken Kaiser Arcadius, der diese Straße renovieren ließ, sie bestand allerdings schon bereits während der frühen Römischen Kaiserzeit. Beidseitig wird sie von Säulenhallen mit Mosaikböden flankiert, an deren Rückseiten sich Türen zu Geschäften, Werkstätten und Schenken befinden. Die Hallen waren mit Glaslampen auch während der Nacht beleuchtet, um die Sicherheit in der Hafengegend zu erhöhen.

ARKADİANE ana liman kapısından doğrudan Efes'in Büyük Tiyatro'suna giden, 500 metre uzunluğundaki sütunlu caddedir. Cadde ismini burada tadilat yaptıran Geç Antik Dönem İmparatoru Arcadius'tan alsa da cadde Roma İmparatorluk Dönemi'nin başından beri burada yer almaktaydı. Her iki tarafında mozaik tabanlarla süslü sütunlu galeriler bulunuyordu. Bu galerilerin arka tarafında dükkânlar, atölyeler ve meyhanelere açılan kapılar yer almaktaydı. Ayrıca galeriler liman çevresinin güvenliğini artırmak amacıyla gece saatlerinde dahi cam lambalarla aydınlatılırdı.

THE ARCADIANE is a 500 m long columned street that led from the central Harbor Gate directly to the Great Theater of Ephesos. It owes its name to the Byzantine emperor Arcadius who had this street renovated, but it existed already during the early Roman imperial period. It is flanked by columned halls with mosaic floors on both sides, behind which are doors leading to shops, workshops and inns. The halls were lit with glass lamps even at night, in order to heighten safety in the harbor area.

DIE MARIENKIRCHE.
MERYEM KİLİSESİ.
THE CHURCH OF MARY.

DAS DRITTE ÖKUMENISCHE KONZIL fand im Jahre 431 n. Chr. in der Marienkirche von Ephesos statt, der Titel Marias als „Theotokos", als Gottesgebärerin, wurde hier bestätigt. Wenn wir heute von der Muttergottes sprechen, so geht diese Bezeichnung auf das Konzil von Ephesos zurück. Die Kirche im Zentrum der spätantiken Stadt entwickelte sich in weiterer Folge zum Bischofssitz mit angeschlossenem Baptisterium, zum Taufhaus sowie zu einer Begräbniskirche, um die herum bis in das 14. Jahrhundert hinein bestattet wurde. Heute gilt die Marienkirche vielen christlichen Pilgern als Ziel, auch werden hier nach wie vor Gottesdienste abgehalten. Das Becken im Vordergrund stammt aus einer römischen Therme und wurde in der Kirche sekundär, möglicherweise als Taufbecken für Kinder, verwendet.

3. EKÜMENİK KONSİL, MS 431'de Efes'in Meryem Kilisesi'nde toplanmıştır. Bu konsilde Meryem'in "Theotokos" unvanı yani tanrının annesi olduğu onaylanmış. Bugün ifade edilen "Tanrının Annesi" ismi Efes Konsili'ne dek gider. Geç Antik Dönem şehrinin merkezindeki kilise, daha sonra eklenen Baptisterium ile birlikte piskoposluk merkezine, bir vaftizhaneye ve 14. yüzyıla dek etrafında definlerin devam ettiği bir kabir kilisesine dönüşmüştür. Günümüzde Meryem Kilisesi hac yolculuğuna çıkan birçok Hıristiyan için bir hedeftir. Ayrıca kilisede eskisi gibi ayinler yapılmaktadır. Ön taraftaki tekne bir Roma Hamamı'ndan gelmiştir ve kilisede devşirme olarak olasılıkla çocuk vaftiz teknesi olarak kullanılmıştır.

THE THIRD ECUMENICAL COUNCIL took place in the Church of Mary of Ephesos in A.D. 431 when Mary was confirmed as "Theotokos", Mother of God. Modern references to the term Mother of God are the result of the council of Ephesos. The church in the center of the late antique city developed into the seat of the bishop with attached baptistery; it was a place for baptism and a funeral church where people were buried into the 14th century. Today, the Church of Mary is visited by many Christian pilgrims, and services are still held here. The basin in the foreground is part of a Roman bath and was used by the church, possibly as a baptismal font for children.

DAS GROSSE THEATER VON EPHESOS.
EFES'İN BÜYÜK TİYATROSU.
THE GREAT THEATER OF EPHESOS.

DAS THEATER VON EPHESOS gehört mit zirka 25 000 Sitzen zu den größten der antiken Welt. Hier fanden Theateraufführungen, Gladiatorenkämpfe und Tierhetzen, aber auch die Volksversammlung statt. In dieser Funktion ist das Theater in der Apostelgeschichte des Neuen Testaments überliefert. Diese berichtet von einem Aufstand der ephesischen Silberschmiede, die aufgrund der Popularität des heiligen Paulus um den Absatz heidnischer Devotionalien zitterten. Das im Theater zusammengekommene Volk von Ephesos forderte die Abreise des Apostels und skandierte mehrere Stunden lang wie aus einer Stimme: „Groß ist die Artemis von Ephesos!"

EFES'İN TİYATROSU 25.000 kişilik oturma kapasitesiyle Antik Dünya'nın en büyük yapıları arasında yer alır. Burada tiyatro gösterileri, gladyatör mücadeleleri ve hayvan dövüşlerinin yanında halk toplantıları da yapılmıştır. Tiyatronun bu işlevinden Yeni Ahit'te Havarilerin İşleri bölümünde bahsedilmiştir. Burada Aziz Paulus'un popülaritesi nedeniyle pagan dini eşyalarının alımının azalmasından korkan Efes gümüşçülerinin ayaklanması anlatılır. Tiyatroda bir araya gelen Efes halkı havarinin şehri terk etmesini ister ve saatlerce hep bir ağızdan tekrar ederler: "Büyüktür Efes'in Artemis'i!"

THE THEATER OF EPHESOS with its 25,000 seats is one of the largest in the ancient world. Theater productions, gladiator fights and animal hunts, but also public assemblies took place here. The theater is mentioned in the latter function in Acts of the New Testament. The revolt of the Ephesian silversmiths is reported who were anxious about the sale of their pagan devotional items due to the popularity of Saint Paul. The population of Ephesos assembled in the theater and demanded the departure of the apostle and they chanted for many hours, as if with one voice: "Great is the Artemis of Ephesos!"

CREDITS

Idea and concept | Sabine Ladstätter, Lois Lammerhuber
Photography | Lois Lammerhuber, Niki Gail, ÖAI (page 6)*
*Printed with the kind permission of the Austrian Archaeological Institute. All rights reserved.
Project coordination | Filiz Öztürk, Johanna Reithmayer, Helmut Schwaiger

Authors | Sabine Ladstätter, Jürgen Hatzenbichler
Proofreading | Sandra Wilfinger-Bak
Turkish translation | Neşe Kul-Berndt, Filiz Öztürk
English translation | Hannelore Schatz, Nicole M. High

Art director | Lois Lammerhuber
Graphic design | Martin Ackerl
Typographical advisor | Martin Tiefenthaler
Fonts | Shaker 2 by Jeremy Tankard,
Times by Stanley Morison und Victor Lardent
Digital post production | Birgit Hofbauer, Martin Ackerl

Print | Holzhausen Druck GmbH, Wolkersdorf, Austria
Binding | Lachenmaier GmbH, Reutlingen, Germany
Paper | Garda Pat 11, 170 g/m²

Managing Director EDITION LAMMERHUBER | Silvia Lammerhuber
EDITION LAMMERHUBER | Dumbagasse 9, 2500 Baden, Austria
edition.lammerhuber.at

Türkiye İş Bankası Kültür Yayınları Ltd. Şti. İstiklal Caddesi Meşelik Sokak No:2 Kat:4 Taksim, Beyoğlu, İstanbul, Türkiye
Sertifika No: 11213
www.iskultur.com.tr

SABINE LADSTÄTTER AND LOIS LAMMERHUBER WISH TO EXTEND THEIR WARMEST THANKS TO
The Republic of Turkey, Ministry of Culture and Tourism, The Austrian Archaeological Institute, Cengiz Topal, Özlem Vapur

and Hemma & Çaka.

Copyright 2013 by EDITION LAMMERHUBER | ISBN 978-3-901753-38-1
Copyright 2013 by Turkiye İş Bankası Kültür Yayınları Ltd. Sti. | ISBN 978-605-360-929-2, Publication No: 2827

All rights reserved. This work and any images therein may not be reproduced in whole or in part.
Any exploitation is only permitted with the publisher's and authors' written consent.

Printed on Garda Pat 11, 170 g/m², made by CARTIERE del GARDA SpA,
exclusively distributed in Austria by PaperlinX – PaperNet.